생각하는
사물의 등장

인공지능은 인간의 생각을
어떻게 바꾸는가?

생각하는
사물의 등장

지은이 | 임완철

1판 1쇄 인쇄 | 2017년 8월 7일
1판 1쇄 발행 | 2017년 8월 11일

펴낸곳 | (주)지식노마드
펴낸이 | 김중현
기획 · 편집 | 김중현
디자인 | 제이알컴
등록번호 | 제313-2007-000148호
등록일자 | 2007. 7. 10

(04032) 서울특별시 마포구 양화로 133, 1201호(서교동, 서교타워)
전화 | 02) 323-1410
팩스 | 02) 6499-1411
홈페이지 | knomad.co.kr
이메일 | knomad@knomad.co.kr

값 1,5000원

ISBN 979-11-87481-28-7   03370

인공지능은 인간의 생각을 어떻게 바꾸는가?

생각하는 사물의 등장

• 임완철 지음 •

nomad
지식노마드

차례

"왜 우리는 다음 세대의 삶을 생각하지 않을까?"

대학생이었을 때 환경운동과 교육운동을 하면서 늘 궁금해 하던 질문이었습니다. 아이들이 태어난 뒤 "이 아이들이 살아갈 미래를, 이 아이들의 미래의 삶을 예측하는 것은 불가능하겠구나."라는 생각을 하게 된 뒤부터, 계속 같은 질문을 하게 됩니다.

"내가 경험한 방법으로
우리 아이들이 자신의 미래를 준비할 수는 없을 것 같다.
아이들에게 무엇을 마련해 주어야 할까?"

계속되는 질문에 대한 실마리를 풀어가는 과정에서 '교육학의 역설', '인간을 강화하는 기술', '사물의 역습', '생각하는 사물의 등장', '생각하는 사물의 인문학' 등의 제목으로 짧은 글들을 쓰며 생각을 정리하고, 대학에서 학생을 가르치고 있습니다.

이 책의 원고를 쓰기 시작할 때의 질문은 아직도 살아 있습니다.

"그(것)들이 스스로 배운다면,
우리는 무엇을 배워야 할까?"

우리 아이들은,

세계에 존재하는 대부분의 '것'들이 서로 연결되고

서로 정보를 주고받으며

스스로 생각하고

그(것)들 중의 일부는 인간만큼이나 똑똑한 존재가 된,

그런 세계에서 살게 될 것입니다.

우리 아이들이 생각하는 능력을 가진 사물들과 더불어 행복하게 살아가기 위해, 바로 지금, 우리 아이들에게 제공해주어야 할 것은 무엇일까?

일찌감치 (스마트 폰 같은) 첨단 단말기에 적응할 수 있도록 해주고, 첨단의 기술에 적응하고 그것을 잘 활용할 수 있는 (소프트웨어 개발 능력 같은) 능력을 키워주어야 할까?

외국어를 배우듯이 생각하는 사물들과 소통하기 위한 언어를 배우게 될까?

친구를 사귀듯이 인공의 사물들을 사귀게 될까?

새로운 기술은 우리(사회)가 충분히 생각하고 그 실체와 방향을 확인할 때까지 기다려주지 않을 것입니다. 우리는 여러가지 불확실

한 상황에서 너무 늦지 않게 결정해야 합니다.

디지털 기술과 인공지능의 힘을 빌려
스스로 생각하는 능력을 확보한,
'생각하는 사물'이 스스로 학습하게 된다면,
우리의 아이들은 무엇을 학습해야 할까?

이 책은 디지털 기술의 발달로 등장하고 있는, 스스로 '생각하는 사물'을 탐구하는 과정의 산물입니다. 먼저 '생각하는 사물'의 사례를 살펴보고, 그(것)들이 발생시킬 효과를 예상해보았습니다. 특히 우리 인간의 인지과정에 미치는 영향에 집중해서 예상하려고 했습니다.

'생각하는 사물'이 우리의 생각에 영향을 줄 가능성을 검토한 뒤, 우리의 생각이 '생각하는 사물'을 사유의 대상으로 삼는 것이 얼마나 어려운 일인지도 살펴보았습니다. 그리고 10년 뒤와 20년 뒤에 사회생활을 시작할 우리 아이들을 위해서, 바로 지금, 우리가 집중해야 하는 것이 무엇인지 밝히기 위해 노력했습니다.

이 책을 관통하는 가장 중요한 탐구의 대상은 '생각하는 사물'입니다. 그런데 '생각한다'는 것은 무슨 의미일까요? 생각한다는 것의 의미를 탐구하는 것은 쉽지 않은 작업일 뿐만 아니라 이 책의 범위를 벗어나는 작업이니 질문을 바꾸어 보겠습니다.

"우리가 생각하는 존재를 만나는 순간은 언제일까요?"

첫째, '내가 생각한다'는 사실을 발견하는 순간입니다. 말 그대로, '생각한다. 고로 존재한다'는 것을 스스로 느끼는 순간입니다. 모든 것을 근본적으로 의심해볼 수 있으나, 의심(생각)하고 있는 나 자신만큼은, 즉 내가 생각하고 있다는 사실만큼은 의심하지 못하는 바로 그 순간입니다.

두 번째는 관계 맺는 상대방의 반응을 접한 뒤, 상대방이 생각하고 있다는 사실을 발견하는 순간입니다. 아이를 길러본 부모라면 모두 경험하게되는 순간이기도 합니다. 태어나서 얼마 지나지 않은 어느 순간 아이는 눈빛으로 말을 겁니다. 그 순간 우리는 '아, 이 아이도 생각하고 있구나'라고 느끼며 환호하게 됩니다. 21세기에 들어서 사물과 맺는 관계 속에서도 경험하게 됩니다. 스마트폰에 설치된 내비게이션이 운전하는 내내 기존의 경로를 새로운 경로로 변경하여 추천하는 것을 보면, '이 친구가 나를 위해 생각하느라 애쓰고 있군' 이라는 생각이 들곤 합니다. 이에 반해, 인터넷에 연결되지 않은 과거의 내비게이션은 출발할 때 추천한 경로를 바꾸는 법이 없다는 점에서 그것이 생각하고 있다는 경험을 주지는 않습니다.

스마트폰 내비게이션은 야생의 인간 뇌가 절대로 수행할 수 없는 인지 활동(처리하는 데이터의 양과 데이터를 처리하는 속도 등)을 통해서 최적의 경로를 추천합니다. 수많은 스마트폰 내비게이션으로부터 실시간으로 GPS 데이터를 수집하고, 실시간에 가까운 속도로 분석하여 목표 지점까지 주행하는 최적의 경로를 계산한 뒤 우리에게 추천합니다. 인간의 뇌가 감당할 수 없는 데이터를 처리하여 우리에게 추천할 최적의 경로를 계산하는 스마트폰 내비게이션은 우리에게 이미 와 있는 '생각하는 사물'의 대표적인 예입니다. 이미 우리 삶의 구석 구석에 들어온 생각하는 능력을 가진 사물들이 우리와 함께 살아가고 있습니다.

'생각하는 사물' 이라는 단어는 1995년 미국 MIT 미디어랩에서 시작된 Things That Think (TTT)[1] 프로젝트 컨소시엄에서 아이디어를 빌려왔습니다. 2017년 현재에도 유지되고 있는 TTT 프로젝트는 일상생활 속의 사물에 컴퓨팅 기술을 통합하여, 디지털 방식으로 강화된 사물과 환경을 고안해내는 것을 목표로 구성된 프로젝트 컨소시엄입니다. 2017년, TTT 프로젝트 홈페이지에 등록되어 있는 세부 프로젝트들은 많지 않지만, 컨소시엄이 가장 활성화되었던 시절에는 150개가 넘는 새로운 시도들이 연구되었습니다.[2]

TTT 프로젝트가 추구했던 '생각하는 사물Things That Think'이 무엇이었는지는, 2008년에 공개한, 우리가 흔히 포스트잇이라고 부르는 부착식 메모지를 디지털 기술로 강화한 퀵키즈Quickies[3]라는 시제품의 사례를 통해 살펴볼 수 있습니다.

퀵키즈의 목표를 이야기하기 전에 먼저 저의 대학생 시절의 친구가 했던 일을 소개해 보겠습니다. 그 친구는 뭔가 기분이 안 좋아지면 대학의 중앙도서관 서가에 들어가, 꺼내어 살펴본 책을 아무 곳에나 꽂아 놓고 나오는 '못된 짓'을 했습니다. 도서관에 가본 경험이 있는 사람은 누구나 서가에 순서대로 줄을 지어 빼곡하게 꽂혀 있는 책들을 기억할 것입니다. 그 친구는 빼곡한 서가를 돌아다니면서 책 구경을 함으로써 스트레스를 푸는 행동에 더해, 이 책 저 책을 뒤섞어 놓는 '못된 짓'을 했습니다. 도서관 서가에 꽂힌 수많은 책을 상상해 보면 이 친구의 못된 짓의 결과를 예상해볼 수 있습니다. 책의 수가 많으면 많을수록 자기 자리가 아닌 위치에 꽂힌 책을 발견하는 것은 불가능에 가깝게 됩니다.

일반인은 인터넷을 접하기 어려웠던 20년 전이나, 누구나 인터넷을 사용하고 디지털이 세계의 구석구석으로 퍼져 나가는 현재에도 도서관의 서가는 크게 변하지 않았습니다. 그때나 지금이나 도서관 서가에서 자기 자리가 아닌 다른 위치에 꽂혀버린 책을 찾아내는 방법은 '우연히 발견'하거나, 엄청나게 성실하고 유능한 사서가 찾아내는 것 말고는 없습니다. 구텐베르크의 인쇄술이 등장하고 책을 대량으로 제작해내던 초창기부터 책들의 모양은 모두 비슷하게 표준화되었기 때문에, 서가에서 원하는 책을 찾아내는 일은 그렇게 수월하지 않습니다.

누구나 원하는 책을 쉽게 찾기 위해서는 책을 관리하는 도서관의 규칙을 따라야 합니다. 도서관에서 책을 관리하는 가장 일반적인 방식은, 일련의 숫자와 문자로 만들어진 고유번호를 책에 부여하고, 그것을 출력해 책에 부착한 뒤, 고유번호를 기준으로 책을 서가에 진열하는 것입니다. 하지만 책마다 부착된 고유번호를 이용하여 책을 관리하는 방법은 수많은 문제를 일으킵니다. 책장에서 책을 정리해본 경험이 있는 사람은 누구나 공유하는 대표적인 문제가 '책이 원래 있어야 할 곳이 아닌 다른 곳에 꽂혔을 경우에 그 책 찾아내기'입니다.

대규모 도서관에서, 대출 기록이 없는데도, 있어야 할 위치에 있지 않은 책을 찾아내는 것은 거의 불가능합니다. 오프라인 대형 서점에서 책을 검색한 뒤 재고가 있음이 확인되었는데도 지정된 서가에서 책을 찾지 못하게 되면, 직원들 중에 연차가 높아 보이는 분을 찾아서 부탁해야 합니다. 연차가 그다지 높지 않는 직원에게 부탁해봐야, 그 직원은 다시 연차가 높은 직원에게 부탁을 하기 때문입니다.

어떻게 다른 자리에 꽂혀서 사라져버린 책을 찾아서 제자리에 옮겨 놓을 수 있을까요? 2008년 MIT 미디어랩에서 개발한 퀵키즈가 제안하는 방법은 각각의 책에 RFID 센서와 문자 해독 능력이 있는 부착식 메모지를 붙이는 것입니다. 퀵키즈라는 이름의 부착식 메모지에 정보를 적은 뒤, 원하는 사물에 부착하면 해당 사물을 디지털 세계에 등록할 수 있게 됩니다. 기록한 문자를 메모지가 스스로 인식하여 사물에 의미를 부여해줄 수도 있습니다. 소유자의 이름을 적을 수도 있고, 주제, 일련번호 등을 적어서 관리할 수도 있습니다. 퀵키즈는, 물리적인 실체에 디지털 방식의 대푯값Digital Identifier을 부여하여, 물리적 실체를 디지털 방식으로 검색하고 관리하는 방법으로 고안된, '생각하는 사물'의 사례라고 할 수 있습니다.

　서가에 꽂힌 모든 책에 퀵키즈가 부착되었다고 생각해보면, '자기 자리가 아닌 곳에 꽂힌 책을 찾아내는 문제'를 퀵키즈가 해결해줄 수 있습니다. 녹색과 붉은 색을 낼 수 있는 작은 LED 램프 하나가 추가된 퀵키즈를 생각해보면 됩니다. LED가 연결된 퀵키즈는 인쇄된 각 도서의 일련번호를 인식한 뒤, 자기 바로 옆에 일련번호의 규칙을 따르지 않은 도서가 꽂힐 경우, LED에 빨간 불을 켜거나, 도서관리 시스템에 신호를 보내서 사서에게 알릴 수 있습니다. 최근에 대형 주차장에 적용된, 주차할 수 있는 빈 자리에는 녹색불을 켜고, 이미 차가 주차된 자리에는 빨간 불을 켜는 것과 비슷한 모습입니다. 도서관 사서의 입장에서 생각해보면 퀵키즈가 부착된 책은 자기가 옳은 자리에 있는지 틀린 자리에 있는지를 스스로 '생각'할 수 있는 책이라고 할 수 있습니다.'

　앞으로 거의 모든 '사물Things'은 (사물인터넷의 힘을 빌려 인공지능과 연결되어) '생각하는 사물'이 될 것이고, 우리와 우리의 아이들은 '생각하는 사물'들과 함께 살아갈 것입니다. 그 중 어떤 것은 우리보다 더 많은 것을 더 정확하게 기억하고, 더 빠르게 연산하는 능력을 가진 인공의 인지시스템과 연결될 것입니다. 어떤 것은 그 누구보다 우리에 대해서 정확하게 알게 될 것입니다. 예를 들어,

학생에 대해서 가장 잘 알고 있는 존재는 담임교사가 아니라 '모든 소리를 듣고 기억하게 될' 학교 건물(의 벽)이 될 수 있습니다.

우리보다 빨리 배우고, 우리보다 많이 알고 있으며, 늙지도 않고 쉬지도 않는 '그것'들과 함께 우리는 살아가게 될 것입니다.

흔히들 인공지능을, 즉 인공의 인지시스템을 미래의 문제로 생각하지만, 인공지능은 바로 지금의 문제입니다. 우리는 구글 검색엔진이 보여주는 검색 결과를 기준으로 중요한 정보와 중요하지 않은 정보를 판단하면서도 구글의 검색엔진 알고리즘의 규칙에 대해서는 (개인적으로, 그리고 사회적으로) 별다른 관심이 없습니다. 페이스북이 우리의 사회관계를 알아서 정리정돈(볼 필요가 있는 소식과 볼 필요가 없는 소식의 구분)해주고 있음에도 불구하고 페이스북의 알고리즘에 대해서 우리는 (개인적으로, 그리고 사회적으로) 별다른 관심이 없습니다.

구글이나 페이스북처럼, 우리의 삶과 관련되어 있으면서도, 우리가 감당할 수 없는 빅 데이터를 분석하는 소프트웨어 알고리즘이 우리에게 제공하는 해석(판단)의 결과에 대해서 별다른 관심이 없는 상황이 이어진다면, 미래의 '생각하는 사물'들이 정보를 제시하고 의사결정하는 상황에 대해서도 우리는 별다른 관심을 기울이지 않을 가능성이 큽니다. 알고리즘에 대한 이러한 개인적 그리고 사회적인 태도를 수정하지 않고 그대로 유지한다면, 인공지능에 대해서도 우리는 유사한 태도를 보일 것입니다.

우리는 미래에 도착할지도 모르는 어마어마한 인공지능이 아니라, 현재 구현되어 있는 인공의 인지시스템에 대해서 사유하고 제어할 수 있는 방법을 찾아야 합니다. 구글의 검색엔진, 페이스북, IBM의 왓슨, 자율주행 자동차 등이 이제 막 걸음마를 떼기 시작한 지금, 사물들이 디지털 기술에 의해서 서로 연결되기 시작하고, 그것들 스스로의 인지시스템으로 생각하기 시작하는 바로 지금 시작하지 않으면 늦어버릴지도 모릅니다.

우리 아이들은 어떤 세상을 살게 될까요? (사실 이 질문이 얼마나 한가로운 질문인지도 알고 있습니다. 우리 스스로도 현재의 변화에 대응하며 몇 년 뒤의 삶을 위해서 무엇을 준비해야할지 혼란스러운데, 10년 뒤 20년 뒤의 먼 미래를 준비하다니요!) 세상에 존재하는 대부분의 사물이 서로 연결되어 정보를 주고받으면서 생각하게 되고, 그 중의 일부는 인간만큼이나 혹은 인간 이상으로 똑똑한 존재가 될 것입니다.

'생각하는 사물'들과 함께 행복하게 살아가기 위해서, 우리의 아이들에게 바로 지금 제공해주어야 할 경험은 무엇일까요?

2017년, 7월 임완철

감사의 글

이 원고가 다루는 문제의 출발점이 된 사례들은 대부분 2011년 전후에 등장했습니다. 2011년은 우리 집에 세째 아이가 태어난 해이고, 제가 박사 과정을 졸업하면서 '그것들이 생각하기 시작했다'의 문제에 집중하기 시작한 해입니다. 원고에 매달리면 일상의 삶으로부터 분리되는 경험을 하게 됩니다. 멍청하게 집에 들어와서는 멍청하게 있다가 다시 멍청하게 나가는 생활을 하더라도 그냥 지켜 봐준 지숙에게 먼저 감사의 말을 전합니다.

이 원고는 기본적으로 불편하고 불확실할 뿐만 아니라 우리의 삶에 직접 연결되어 있어서 더욱 불안하게 만듭니다. 아이들이 살아갈 미래를 예측하기 어렵다는 사실, 인공지능이 득세하고 그(것)들이 우리를 대체해 나갈 것이라는 사실, 우리가 어른이 되는 과정에서의 경험이 아이들에게는 적용되지 않을지도 모른다는 사실, 그리고 이 모든 것을 둘러싸고 있는 불확실성, 불편하고 불안한 생각에 매달리며 순간순간 멍청해지는 남편을 지켜봐 준 지숙에게 고맙습니다. 그리고 쉼 없이 자라고 있는 우리의 서진, 지우, 서우에게 고맙습니다. 앞으로 몇 번 더 부탁한다는 말도 미리 전합니다.

2011년은 제가 박사 과정을 졸업한 해입니다. 공부하는 내내 든든한 아군이 되어주고 저의 관점을 받아들여주신 나일주 교수님,

18

임철일 교수님, 그리고 특히 박성익 교수님에게 감사드립니다. 교육을 공학적 탐구의 대상으로, 그리고 공학적 결과물을 교육적 탐구의 대상으로 다룰 수 있도록 해준 '교육공학 전공'에도 감사합니다.

졸업 후에 '사물·인공물의 교육적 효과'를 탐구하는 과정 내내 도와준 조형준 형(새물결 출판사 편집주간)에게 감사합니다. 형준 형의 도움으로 칸트와 헤겔로 돌아가고, 니체와 푸코, 라캉을 지나올 수 있었습니다. 그리고 언제고 필요해지면 다시 돌아가 그들의 생각을 소환해낼 수 있을 것이라는 힘도 붙었습니다.

풀기 어려운 질문을 풀어서 책으로 낼 수 있도록, 생각과 질문, 그리고 아이디어를 일상의 세계로 가져와야 한다는 스트레스를 제공해준 지식노마드 김중현 대표님에게 감사드립니다. 대표님의 관심과 애정에 감사드리고, 계획하시는 일의 성공을 응원합니다.

저의 답 없는 질문을 받아주고 글을 읽어준 오지로와 오구로, 저보다 더 원고에 대해서 궁금해 해주신 KERIS의 계보경 박사님(물론, 김영애 본부장님도), 그리고 젊은 친구를 언제나 동료처럼 대해주시고 생각을 들어주시는 스마트교육학회의 천세영 교수님에게 감사드립니다.

삶의 한쪽 기둥인 아버지, 어머니, 가족들, 그리고 할머니가 나누어 주는 힘으로 한 매듭 지을 수 있었습니다. 늘 감사합니다.

그리고, 지하에 계신 M선생에게 감사드립니다.

어렵고 난처한 질문 그리고 정리되지 않은 생각을 공유할 수 있는 동료가 있다는 사실이 얼마나 복 받은 삶인지 알고 있는 모든 분들에게, 저의 질문을 나누어 드립니다.

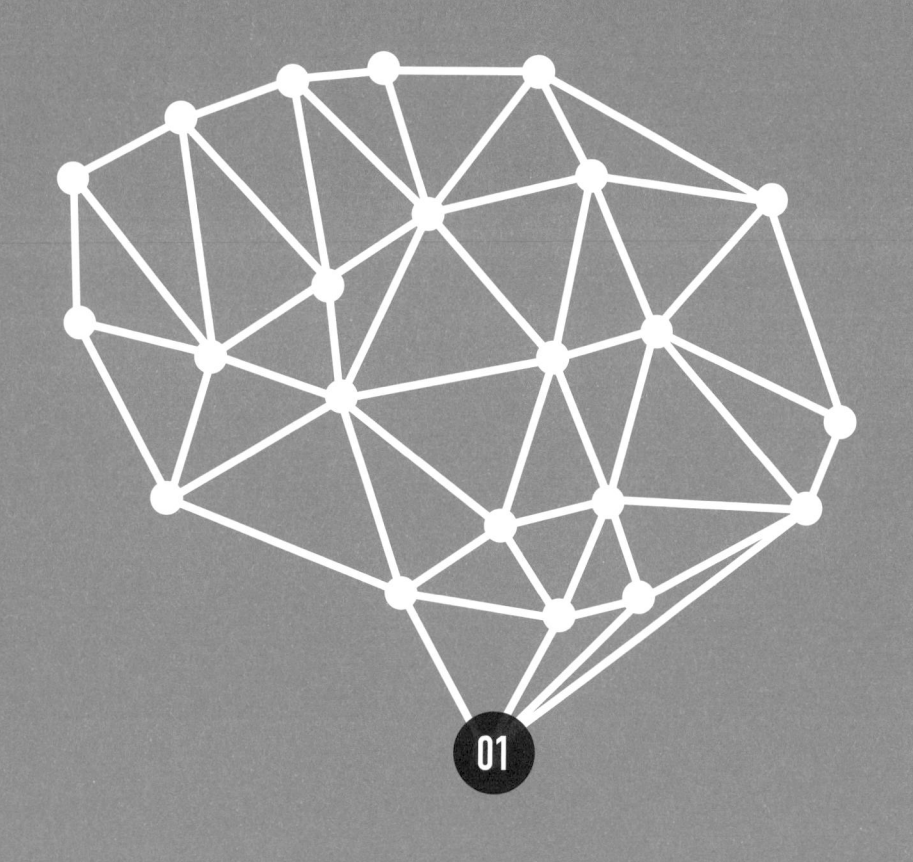

01

사물이 생각하기
시작했다

Things That Think

인공지능과 연결되어 생각하는
장난감

　알파고와 바둑기사 이세돌의 대국이 사람들에게 충격을 주기 10개월 전인 2015년 3월에 생각하는 장난감이란 뜻의 이름을 가진 상품 하나가 킥스타터에 올라왔다. 이 세계에서 가장 똑똑한 인공지능인 왓슨Watson[1]과 무선인터넷으로 연결되는 인형 코그니토이Cognitoys[2]이다. 그리고 2016년 5월부터 판매를 시작했다. 코그니토이는 왓슨의 힘을 빌려 인간의 말을 알아듣고 스스로 학습할 수 있다.

　2011년 왓슨은 미국의 유명한 퀴즈쇼에서 스스로 사회자의 질문을 알아듣고 판단하면서 인간 참가자들과 경쟁해서 우승했다. 그리고 의학 교과서와 수십만 편의 의학 논문을 학습한 뒤 대학병원에서 실제 환자의 진단에 참여하고 있는, 자연어처리 능력과 학습 능력이 뛰어난 소프트웨어이다. 그래서 인지認知 컴퓨팅 엔진Cognitive Computing Engine으로 불린다.

23

왓슨에 연결된 코그니토이는 말 그대로 '장난감에게 인지기능을' 부여한, 생각할 수 있는 장난감이다. 퀴즈쇼 사회자가 질문하면 답변하듯 아이의 질문에 답변하면서 대화를 나눌 수 있다. 대화를 통해 아이들의 수준과 상태를 학습하고 그에 맞추어 필요한 정보를 제시하며, 아이의 (계획된) 미래를 위한 (성장) 프로그램을 제공할 것이다.

우리가 개인적으로 슈퍼컴퓨터를 소유할 일은 앞으로도 없겠지만, 우리의 아이들은 세계 최고의 인공지능과 연결된 장난감과 대화하며 어릴 때부터 '학습하는 사물', '생각하는 사물'을 경험하게 될 것이다. 사물이 수십만 명(수백만 명이 될지도 모른다)의 아이들과 동시에 커뮤니케이션하면서 아이에게 이렇게 말할지 모른다.

"네가 10살짜리 아이 중
피타고라스 정리를 이해한 15,345번째 아이가 되었어."
라는 평가를 들려주고,
"다음에는 원주율에 대해 공부해 볼까?"

이런 코그니토이를 아이들은 생각하는 존재로 인식하게 될 것이 분명하다.

영화 〈허Her〉에서처럼, "네 이름은 뭐니?"라고 물어보는 어린아이의 질문에 순식간에 몇십만 권의 책 본문을 검색한 뒤 "내 이름은 사만다야[3]"라고 답변할지도 모른다.

물어보면 언제나 답을 알려줄 뿐만 아니라 자신을 이해해주고, 이름을 불러주고, 새로운 제안을 들려주는 장난감 코그니토이는 아이들과 함께 자라며 우리 아이들의 파트너가 될 것이다.

"저녁 메뉴는 짜장면이라고 했지? 맛있게 잘 먹었니? 오늘 본 시험 문제 불러줘. 그리고 네가 뭐라고 답했는지도 알려줘. 틀린 문제에 대해서 더 공부해 볼 수 있는 걸 알려줄 테니까. 1시간 전에 미국의 어느 아이가 올린 문제가 있는데 한 번 풀어볼래? 네가 좋아하는 고양이 심장 수술에 관한 문제야. 그리고 어제 들려준 네 동시를 번역해서 미국작가협회에 보냈는데, 방금 답장이 왔어. 읽어줄까?"

장난감 공룡 코그니토이는 왓슨의 힘을 빌려 '아이의 성장에 맞추어 함께 성장해 갈' 것이다. 아이가 코그니토이와 더 오랜 시간 함께 할수록, 아이에 대해 더 잘 알게 되고, 더 정확하게 적절한 정보를 제공할 수 있게 된다. 어느 순간 인공의 인지시스템인 왓슨(그리고 코그니토이도)은 우리 아이들(집단적인 단위가 아니라 개별적인 인간 개인)에 대해서 누구(무엇)보다도 정확히 알고 있는 존재로 성장할 것이다. 나이와 성별, 좋아하는 것과 싫어하는 것, 아는 것과 모르는 것 그리고 알 필요가 있는 것 등의 수많은 데이터를 확보하여 아이의 성장을 유도하고 아이의 성장에 맞추어 스스로 성장할 것이다. 아이를 어떻게, 어떤 영역의 전문가로 키우고 싶은지 등과 같은 부모의 데이터까지 입력받아 아이의 성장 방향을 결정하게 될 것이다. 예를 들어 아이를 의사로 키우고 싶은 부모의 바람을 저장해둔 왓슨은 아이가 의사로 자라는 데 적합한 프로그램을 추천할 것이다.

사람의 말과 글을 알아듣고 응답하는 인지시스템을 목표로 하는 현재의 왓슨이 못하는 것이 있다면, 다음 버전의 왓슨이 하게 될 것이다. 장난감 공룡 코그니토이가 인공의 인지시스템 왓슨과 연결되어 있기 때문에 왓슨의 성장은 코그니토이를 더 똑똑하게 만들어 줄 것이다. 코그니토이가 아이의 성장 파트너가 되는 데 성공한다면 '사람은 사람이 가르친다'는 것을 한 번도 의심해본 적이 없는 인류의 교육 시스템이 바뀔 것이다.

코그니토이처럼 인터넷에 연결된 사물은 서버로부터 데이터를 전송받거나 서버로 데이터를 전송한다. 예를 들어 인터넷에 연결된 칫솔은 침(상피세포 그리고 종종 혈액)의 성분을 분석해 서버로 데이터를 전송하고, 서버는 전송받은 데이터를 해석해 사용자에게 결과를 전송하게 된다. IBM의 왓슨은 데이터를 받아서 처리하고 결과를 보내주는 서버 프로그램이다. 우리가 일상생활에서 사용하는 대화나 문장 즉, 자연어를 해석해 처리할 수 있는 기능을 가지고 있으며, (기계) 학습 능력이 있다. 그래서 언어를 학습'하고 병원의 임상 데이터를 해석해 진단하며, 관련 정보를 해석해서 보험 상품을 개발하고, 사용자의 취향을 분석해 상품을 추천하고, 판례 정보를 분석해 변호사 업무를 지원할 수 있다.

기본적인 작동 방법은 '(사람이) 물어보면 왓슨은 답변한다'이다. 왓슨은 사람들이 작성한 문서를 읽으며 공부한다. 공부하는 내용에서 패턴을 찾아내고, 새롭게 입력되는 정보를, 찾아낸 패턴에 적용해서 해석한다. 이 과정에 인간의 개입은 없다. 인터넷에 연결된 커피 스푼도, 인터넷에 연결된 현관문도 기본적인 작동 방식은 같다. 사물에 부착된 센서는 측정하고 데이터를 서버로 전송하고 서버로부터 해석된 결과를 되돌려 받아 표시하여 사람에게 알려준다. 이렇게 인공의 인지시스템과 연결될 수많은 사물 모두를 우리와 우리의 아이들은 '생각하는 사물'로 인식하게 될 것이다.

10년 혹은 20년이 지나 지금의 아이들이 어른이 되었을 때, 우리 세계는 얼마나 바뀌어 있을까? 무엇보다도 IBM의 왓슨 같은 인공지능과 사물을 인터넷에 연결하는 기술인 사물인터넷Internet of Things 에 대한 막대한 규모의 투자는 세계의 거의 모든 존재들에게 생각하는 능력을 부여하게 될 것이다. 아파트 출입문도 스스로 생각하고 자동차도 냉장고도 보일러도 생각하게 될 것이다.[5] 사물 인터넷 붐을 타고 수많은 사물이 인공지능에 연결되어 스스로 학습하고 생각하는 능력을 가진 사물이 될 것이다. 우리 아이들이 살아갈 미래는 삶의 구석구석에서 '그(것)들'이 우리(의 아이들)를 대신해 의사결정하는 세계일 것이다. 우리 (아이들)의 행복을 위해.

3천만 권의 책을 읽고 있는 소프트웨어

우리와 같은 인간에게 제공되는 구글 북스Google Books의 서비스 방식은 '키워드를 입력하고 검색하면 그 결과(의 리스트)를 보여준다'이다. 그러나 읽는 주체를 소프트웨어로 바꾸어보면 데이터를 제공하는 방식은 다를 수 있다.[6] 소프트웨어가 책을 읽는 대표적인 사례가 엔그램 뷰어Ngram Viewer이다. 엔그램 뷰어는 구글이 디지털화한 책 중에서 대략 800만 권의 책 본문을 검색하여 검색 결과를 그래프로 요약해서 보여주는 서비스이다.

2010년 12월 16일, '수백만 권의 디지털화된 책을 이용한 문화의 정량적 분석Quantitative analysis of culture using millions of digitized books'이라는 논문이 과학잡지 〈사이언스〉의 표지를 장식했다. 그와 동시에 연구를 주도한 장바티스트 미셸Jean-Baptist Michel과 에레즈 리버먼 에이든Erez Lieberman Aiden 두 연구자가 개발한 시스템인 구글 엔그램 뷰어[7]가 공개되었다.

　엔그램 뷰어는 구글 북스에 등록된 책들 가운데 영어, 프랑스어, 독일어, 스페인어, 중국어, 러시아어, 이탈리아어, 히브리어 등 8개 언어가 포함된 800만권[8] 이상의 본문을 검색할 수 있으며, 그 수는 꾸준히 늘고 있다. 엔그램 뷰어에서 키워드를 입력하면, 800만권의 책에 들어 있는 8,000억 개의 단어 중에서 검색하여 1800년부터 최근까지 해당 단어가 사용된 빈도의 추이를 그래프로 보여준다.[9] 다수의 키워드를 입력할 경우, 키워드별로 사용빈도율을 비교할 수 있도록 여러 개의 그래프로 보여준다. 아래의 그림은 'have a solution', 'have a problem'이란 문구의 빈도수를 1800년부터 2008년까지 발행된 800만권이 넘는 책에서 추출한 뒤 그래프로 보여주는 엔그램 뷰어의 화면이다. 이 그래프를 '2차 세계대전 이후에, 세상에 대한 비관적인 전망이 낙관적인 전망을 압도하고 있다'고 해석할 수 있을까.

구글 엔그램 뷰어

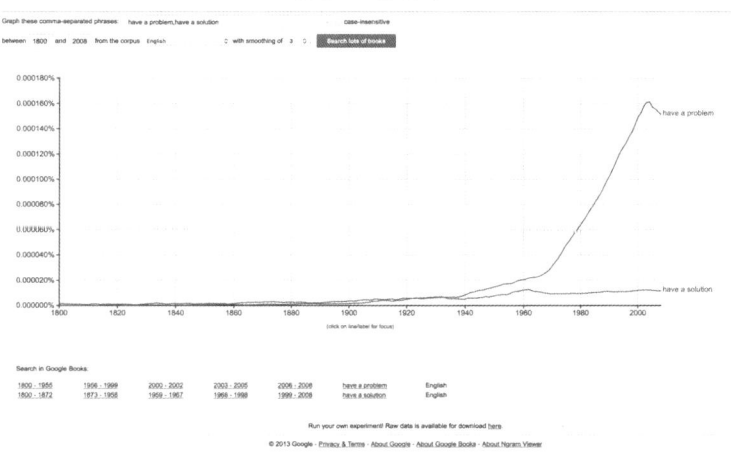

01. 사물이 생각하기 시작했다

엔그램 뷰어의 개발자들은 〈빅데이터 인문학〉[10]이라는 저서에서 정량적인 데이터 분석을 통해서 인류 문화에 대한 연구가 가능해졌다고 선언하며, 이러한 접근에 '컬처로믹스Culturomics'라는 이름을 붙였다. 과거에는 상상조차 할 수 없었던 천만 권 단위의 책 내용을 연구 대상으로 다룰 수 있게 되었으며, 디지털 기술과 빅데이터 분석 기술을 이용하여 살아 숨쉬는 문화를 연구할 수 있게 되었다는 선언이다.

엔그램 뷰어는 구글이 디지털화한, 그리고 앞으로 꾸준히 디지털화할, 셀 수 없이 많은 책의 내용을 소프트웨어가 읽어내는 일이 이제 막 시작되었다는 것을 증명하는 서비스이다. 구글은 현재 3천만 권의 책을 스캔해서 디지털화했으며 앞으로 2020년까지 1억권 이상의 도서를 디지털 파일로 변환하려고 한다. 앞으로 구글 북스를 읽어내려는 수많은 소프트웨어가 개발될 것이다. 그리고 우리와 우리의 다음 세대는 소프트웨어 알고리즘이 읽고 정리정돈한 결과물을 읽게 될 것이다.

인류의 역사는 세계에 흩어져 있는 정보와 매순간 발생하는 현상을 말과 글로 정리정돈한 뒤 다른사람에게 전달하거나 다음 세대로 전승해온 과정이다. 그 과정에서 가장 중요한 존재는 시간과 공간의 제약을 받는 '말'보다는 물리적인 실체 위에 기록되어 시공간을 넘나드는 '문자'이며, 책이다. 구글 북스는 이 책을 대상으로 한다. 하지만 근본적인 변화가 일어나고 있다. '빅데이터' 덕분에 세계에 흩어져 있는 정보와 매순간 발생하는 현상을 '인간의 말과 글'로 정리 정돈하지 않고도 전달하고 전승할 수 있게 되었다. 빅데이터에 직접 접근하는 인공의 인지시스템은 지금과는 전혀 다른 모양새의 2차 저작물을 생산하게 될 것이다. 앞으로 우리는 인류에게 익숙했던 저 작물(책)과는 다른 형태의 '2차 저작물'을 읽으며 지금과는 다른 방 식으로 '정보를 읽을 것'이다. 그 과정에서 우리는 지금과는 다른 능 력을 요구받게 될 것이다. 이 책은 미래의 인간에게 필요하게 될 '다 른 능력'을 상상하는 과정의 기록이다.

우리가 알 수 없는 것을
알려주는 인공지능

MIT 미디어랩의 소셜머신랩Laboratory for Social Machines[11] 책임자Director
인 로이Deb Roy[12]는 자신의 아이가 태어나기 전에 자기 집의 거실, 방,
부엌, 통로의 천장 안쪽에 광각렌즈로 영상을 촬영하는 작은 비디
오 카메라를 설치했다. 그리고 아이가 태어나 집으로 들어온 뒤부
터 3년 동안 비디오 90,000시간, 오디오 140,000시간의 200테라바
이트에 이르는 데이터를 기록했다. 로이와 그의 동료들은 이 거대한
분량의 데이터, 말 그대로 빅데이터를 분석해 아이에게서 단어가 탄
생하는 메커니즘을 설명했으며, 2011년에 그 내용을 '단어의 탄생
the Birth of a Word'이라는 제목으로 TED에 발표[13]하였다. 그는 왜 어떤
단어가 먼저 탄생하는지, 집안에서의 위치와 언어 사용·습득·발달
은 어떤 관련이 있는지를 분석해 '단어풍경Wordscapes'이라는 이름을
붙이고, 단어가 탄생해 언어로 성장해가는 과정의 특징을 시각화하

여 보여준다.

아이가 태어난 뒤의 9만 시간은, 아이를 길러본 경험이 있는 모든 부모들에게는 '빅데이터'이다. 데이터의 총량이 커서가 아니라, 그곳에 데이터가 있다는 사실은 자명하지만 그 데이터를 감당할 방법이 없었기 때문에 '빅데이터'이다. 지금까지 모든 부모들은 아이가 태어나 눈빛으로 말하고 옹알이를 하고 처음으로 엄마라고 말할 때의 기억을 가지고 있지만 그 기억에 오류가 없다고 확신할 수는 없었다. 아이를 같이 기른 엄마와 아빠 사이에도 '같은 기억'을 가지고 있는지 확신할 수 없는, 말 그대로 '빅데이터'였다. 로이는 이 빅데이터를 우리가 감당할 수 있는 데이터로 변환할 수 있음을 보여주었다.

로이는 자신이 촬영한 영상뿐만 아니라 매스미디어의 영상과 음성 역시 분석해서 우리의 생물학적 능력만으로는 알아내기 힘든 의미를 찾는 노력을 하고 있다.

그는 오바마 대통령의 연설 직후 미국 사회에서 발생하는 데이터의 폭발 현상도 분석했다. 아이의 삶을 분석할 때 사용했던 음성과 영상 분석 기법을 이용해 미국 오바마 대통령의 연설이 방송을 탄 이후 미국 전역에서 어떤 논의들이 이루어졌는지를 매스미디어의 실제 영상과 음성 데이터를 이용해 분석한 것이다.

그는 오바마 대통령의 연설 이후 국가 수준에서 데이터가 폭발하는 모습을 영상·음성 데이터를 분석하여 확인하고 그 결과를 시각화하여 보여준다. 지금까지 매스미디어를 대상으로 분석할 때 흔히 사용하던 시청률 조사 수준의 분석이 아니다. 분석 대상이 되는 모든 영상과 음성 데이터 소스를 활용해 대통령의 연설 이후 어떤 논의들이 뒤따라 진행되는지를, 어떤 단어와 문장을 사용했는지 수준에서 분석해낼 수 있게 되었다. 우리는 이러한 데이터를 '빅데이터'라고 부른다.

빅데이터는 인간이 생물학적 능력으로 다루기 힘든 양의 데이터라고 할 수 있다. 현재도 이미 많지만, 대량의 데이터가 꾸준히 생산되기 때문에 양이 기하급수적으로 늘어날 수 있다. 로이의 도움으로 우리는 생물학적 능력의 한계를 넘어, '영상 빅데이터'를 분석해의미를 발견하고 그 결과를 시각화하여 표현할 수 있게 될 것이다. 거의 실시간에 가까운 속도로 말이다.

로이가 아이의 언어 습득 메커니즘을 밝혀 내기 위해서는 집안구석구석 비디오 카메라를 설치해 빅데이터를 얻어야 했지만, 세계의 작동 메커니즘을 이해하기 위한 데이터는 이미 엄청난 양으로 존재한다. 비디오 영상을 전송하는 모든 방송 프로그램과 음성데이터를 전송하는 모든 라디오 방송 프로그램도 분석 대상이 될 수 있다.

2014년, 트위터는 2006년 창업 후 처음 전송된 트윗부터 현재에도 올라오는 모든 트윗을 연구 목적으로 MIT에 제공하기로 하고, 향후 5년 동안 연구비 1,000만달러를 지원해 소셜머신랩 연구팀을 구성하고[14], 트위터에서 유통되는 모든 메시지를 분석할 것이라는 연구 계획을 발표했다. 트위터의 자금 지원으로 2014년에 MIT 미디어랩 안에 소셜머신랩이 설립되고 뎁 로이가 책임을 맡았다. 로이는 트위터의 수석 미디어 과학자Chief Media Scientist이기도 하다.

우리들이 일상의 소소한 내용을 주고 받는 트위터에는 매일 5억 건의 트윗이 새로 올라온다고 한다. 트위터를 비롯한 소셜미디어 플랫폼에서 정보가 어떻게 퍼져나가는지, 그 방식을 더 잘 이해하고 분석할 수 있는 도구를 개발하는 것이 소셜머신랩의 연구 목표이다.

소셜머신랩은 더 나아가
인간의 힘만으로는 해결할 수 없거나
기계만으로는 해결할 수 없는 문제를 발견하겠다고 한다.
그렇게 확인된 문제를
인간과 기계가 힘을 모아 해결하는
공공 커뮤니케이션의 양상과
인간과 사물이 공존하는 새로운 사회 조직을 연구할 계획이다.

생각하는 사물이 빅데이터에서 의미를 추출해 그 의미를 우리와 같은 인간에게 알려주거나 다른 사물에게 전하는 시대가 곧 올 것이다.

그런데 책을 읽을 때도 사람을 만날 때도 여행을 할 때도 함께 하게 될 가능성이 많은, 이 생각하는 사물이 '언제나 나를 위해 생각할 것'이라고 확신할 수 있을까?

스스로 학습하는
사물의 등장

'네스트 온도조절기Nest Thermostat'는 학습 능력을 가진 사물의 초기 단계를 보여주는 대표적인 예이다. 2011년 첫 제품이 출시[15] 되었으며, 3년 뒤에는 구글에 3조원이 넘는 금액에 회사가 매각되었다. 네스트는 인터넷에 연결된 실내 온도 조절장치 이름으로 보일러의 온도 조절장치와 연결해 설치하면, 네스트를 통해 실내 온도를 조절할 수 있다. 설치된 네스트는 집주인의 실내 온도 설정 패턴을 학습하기 시작한다. 잠 잘 때와 출근할 때의 설정, 외부 온도에 따른 설정 변화, 주말의 온도 설정 등 집주인의 온도 설정 패턴을 학습한다. 인터넷을 통해 제공받는 외부 온도 데이터 역시 패턴 학습을 위한 기초 데이터가 된다.

네스트는 동작을 인식하는 센서를 통해 일정시간 움직임이 감지되지 않으면 모두 외출한 것으로 판단한다. 일주일 정도의 학습 기간을 거치고 나면 네스트가 알아서 실내 온도를 조절한다. 네스트가 설정한 실내 온도를 집주인이 바꾸면 그러한 수정 역시 네스트가 학습해서 온도 조절 패턴을 바꾼다. 인터넷에 연결된 네스트는 스마트폰으로 원격 조작할 수 있다. 그리고 스스로 인터넷을 이용해 소프트웨어를 업데이트한다.

네스트 온도조절기처럼 인간의 삶을 보다 풍요롭게 바꾸려는 도구와 장치에는 두 가지 능력이 필요하다. 첫 번째는 인간을 이해하는 능력이고, 두 번째는 제공해야 할 서비스를 이해하는 능력이다. 인간을 더 정확하게 이해할수록 보다 적절한 서비스를 제공할 수 있으며, 서비스에 대해서 더 정확하게 이해할수록 더 적절한 서비스를 제공할 수 있다.

네스트는 집 주인의 생활을 누구보다도 정확하게 알게 된다. 코그니토이는 누구보다도 정확하게 아이들의 인지발달 상태를 이해하게 될 것이다. 결국 인간의 삶을 보다 풍요롭게 개선하는 것을 목표로 고안된 생각하는 사물들이 누구(무엇)보다도 더 정확하게 인간을 이해하게 될 것이다. (딥러닝, 기계학습, 신경망알고리즘, 빅데이터 분석 등의 기술이 인간을 이해하고 분석하는 데 활용될 것이다.)

새로운 것들이 등장한 해
2011년

앞에서 소개한 사례는 2010년, 2011년에 공개된 혁신적인 기술이다. 2011년 퀴즈쇼에서 우승하며 화려하게 등장한 왓슨과, 왓슨에 연결되는 코그니토이는 '생각하는 사물'이 우리의 일상적인 삶 구석구석에 들어와 우리와 대화하게 될 시기가 곧 올 것임을 보여준다. 로이가 TED에 발표한 9만 시간의 홈 비디오 분석 결과는 우리가 인생 전체를 녹화한 뒤 그 녹화된 '빅데이터'로부터 우리가 지금까지 발견하지 못한 '앎'을 발견할 가능성을 보여준다. 2011년에 발표된 네스트는 그(것)들이 쥐 죽은 듯 조용하게 움직이며 우리의 삶에 끼어든 뒤 이런 저런 의사결정을 하게 될 미래를 증거한다.

우리 아이들은 어떤 세상을 살게 될까?
아마도 우리의 아이들은,

세계에 존재하는 대부분의 '것'들이 서로 연결되고

서로 정보를 주고받으며

스스로 생각하는 세계에서 살게 될 것이다.

게다가 그(것)들 중 일부는 인간만큼이나 똑똑한 존재들일 것이다.

생각하는 능력을 가진 사물들과 함께 행복하게 살아가기 위해, 바로 지금, 우리는 아이들에게 무엇을 제공해 주어야 할까?

일찌감치 (스마트 폰 같은) 첨단 기술을 사용하게 해주고, 첨단의 기술에 적응하고 활용할 수 있는 (소프트웨어 개발 능력 같은) 능력을 키워주어야 할까? 영어를 배우듯이 (소프트웨어 코딩이라는 이름으로) 기계와 소통하기 위한 언어를 가르쳐야 할까? 친구를 사귀듯이 생각하는 사물들을 사귀게 될까?

디지털 기술과 인공지능에 연결되어

스스로 생각하는 능력을 확보한,

'생각하는 사물'이 스스로 학습하게 된다면,

우리의 아이들은 어떤 능력을 길러야 할까?

네스트, 코그니토이, 왓슨처럼 사물들은 인간을 이해하는 능력과 세계를 이해하는 능력을 키우는 방향으로 진화해 나갈 것이다. 생각하는 사물들은 인간에 대한 데이터와 세계에 대한 데이터 모두를 충분히 정확하게 확보했다고 판단할 때까지 계속 성장할 것이다. 누구보다도 우리를 정확하게 이해하게 될, 그(것)들은 우리에게 어떤 의미를 갖게 될까? 최악의 미래를 상상한다면 우리를 바보로 만들고, 얄팍한 생각을 하는 사람으로 만들고, 소외시키고, 중독시키고, 심지어는 지배할지도 모른다.

이 책에서 관심을 가지는 질문은 그(것)들이 우리의 친구가 될지 적이 될지를 물어보는 것이 아니다. 그(것)들이 우리의 친구가 될지 적이 될지, 우리를 지원하는 파트너가 될지는 현재 단정지을 수 없다.[16]

이 책에서는 보다 현실적인 질문에 집중하려고 한다. 그(것)들이 그렇게 학습해간다면 우리는 (우리의 아이들은) 어떤 능력을 길러야 하는가?"

2017년 현재 성인으로 살아가는 우리 세대뿐만 아니라
10년 후 그리고 20년 후에 사회생활을 시작할 우리 아이들은
그(것)들과 함께 살아가기 위해서
무엇을 배워야 할까?

이 책에서는 센서를 통해 확보했건 논리적 연산을 통해 확보했건, 확보한 데이터를 인터넷에 전송하고, 인터넷으로부터 전송받은 데이터와 명령을 통해 작동하는 사물들에 '생각하는 사물'이라는 이름을 붙여주었다. 그 중에서도 특히 우리 생각에 영향을 줄 수 있는 사물이 이 책의 주된 관심 대상이다. 이 '생각하는 사물'들이 우리 생각에 어떤 영향을 주게 될지 생각해 보고, '생각하는 사물'들과 함께 걷고, 생각하고, 의견을 주고 받으며 살아갈 앞으로의 하이브

리드 세계를 전망해보았다. (그곳이 유토피아일지, 디스토피아일지를 예측하는 것은 이 책의 관심사가 아니다.)

미래가 어떤 곳이건 이미 우리가 살고 있는 현재에 미래의 일부가 시작되고 있다는 사실이 중요하다. 우리 곁으로 들어오기 시작한 '생각하는 사물'로 인해 바뀔 미래에 대해 알아보고, 우리가 미래를 어떤 태도로 맞아야 할지 생각해보자.

이 책은 나의 세 아이(서진, 지우, 서우)와 그 친구들을 위해 썼다. 수업에서 만나는 대학생들과 대학원생들이 아니라, 초등학생들 그리고 아직 초등학교에 들어가지 않은 아이들, 그들을 돌보고 가르치는 사람들을 생각하며 썼다. 쉽게 쓰고, 반복되더라도 중요한 사례를 들어서 설명하고, 전문적 지식 없이도 읽을 수 있도록 쓰기 위해 노력했다.

우리 아이들이 살아갈 미래는 우리가 살아왔던 시절과는 다를 것이다. '생각하는 사물'은 우리보다는 우리의 아이들이 살아갈, 앞으로의 세계에서 더 대단한 존재가 될 것이다.

우리 아이들이 '생각하는 사물'과 관련한 의사결정 과정에 참여할 수 있는 상황이 마련되기를 바란다. 글을 정리하는 동안 내내 10대에 (사회적, 정치적) 활동을 시작하고, 20대에 책임자가 되고, 30대에 정부 주요부처의 장이 되는 서구 사회의 모습이 겹쳐져 보였다. 스스로 학습하는 인공지능을 통제할 방법, 그들과 함께 살아갈 방법, 하이브리드 세계의 규칙과 제도에 대해 공부하고 만들어가는 일에 우리 아이들이 참여할 수 있게 되기를 바란다.

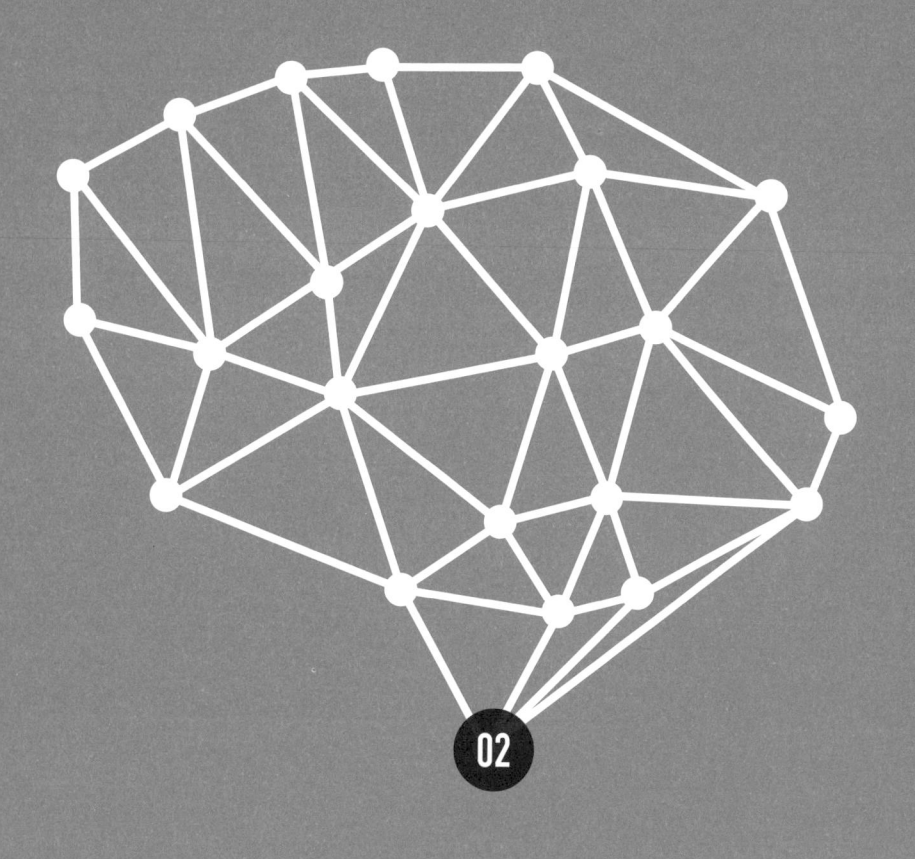

02

생각하는 사물이
바꾸어 놓을 것들

Things That Think

인공지능과 연결된 모든 사물이
생각하는 능력을 가진다

생각하는 사물은

인공의 인지시스템에 연결되어

(인간은 감당할 수 없는) 충분히 많은 양의 정보를 이용하여

인간보다 빠르고 정확하게

의사결정할 것이다.

구글이 알파고를 이세돌과의 바둑 이벤트를 통해 세상에 공개하기 5년 전에 이미, IBM은 왓슨을 비슷한 방식으로 공개했다. IBM이 인지컴퓨팅 엔진Cognitive Computing Engine, 왓슨Watson이라고 소개한 이 소프트웨어는 제퍼디 퀴즈쇼란 유명 TV프로그램에 등장해 인간 참가자들과 겨뤄 우승을 차지하면서 세상을 놀라게 했다.

왓슨의 자랑은 '사람의 말과 글을 이해하는 능력'과 '학습 능력'

이다. 왓슨은 우승 이후 병원의 실제 임상데이터를 분석하여 증상과 질병에 적절한 치료방법을 연결하는 '진단'에 참여했다. 왓슨은 제퍼디 쇼 우승 이전부터 의학공부를 하였다. 2011년 5월에 발표된 포브스의 기사[1]에 따르면, 왓슨은 2009년 말부터 의학 지식을 학습하였다. 메릴랜드 대학교의 영상의학자인 시걸Eliot Siegal의 도움을 받아 학습할 의학 연구 논문과 교과서를 선정하고 어떤 질문을 통해 학습할지를 결정했다.

의학공부를 하면서 왓슨은 세계 최대 의학 논문 사이트인 메드라인Medline과 펍메드PubMed에서 논문을 학습하고 의사자격 국가시험 기출 문제로 테스트도 받았다. 시걸 박사는 2011년 5월 당시 왓슨의 수준이 기초의학 과정을 마치고 임상의학 과정을 막 시작하는 의대생 중에서도 가장 똑똑한 학생의 수준이라고 평가했다.

교과서와 연구 논문을 중심으로 의학 공부를 한 다음에는 임상 정보를 학습하고 실제 질병을 진단하는 훈련을 받았다. 2013년 2월 포브스에 실린 기사[2]에 따르면, 2012년 3월부터는 미국 내 대표적인 암센터인 MSKCCMemorial Sloan Kettering Cancer Center[3]와 계약을 체결하여 환자 기록 및 임상 연구 결과들을 왓슨에게 학습시켰다.[4] 2012년 3월부터 기사가 작성된 2013년 2월까지 약 605,000 종류의 의학적 증거 데이터, 2백만 페이지 분량의 텍스트와 25,000건의 환자 사례를 학습하고 14,700 진료 시간 동안 의사들을 보조하면서 진단 정확도를 향상시켰다.

대량의 데이터를 기억하고,

데이터 사이의 패턴을 발견하고,

발견한 패턴을 이용해 새로운 데이터를 해석하는

왓슨의 능력은 개별적인 인간이 감당할 수 없는 수준이다.

2013년에[5] 이어 2014년 6월에 세계 최대 규모의 암 학회인 미국 임상 암학회American Society of Clinical Oncology의 학술대회에서 왓슨의 '자연어 처리 능력'과 '기계학습 능력'을 평가하는 MSKCC와 IBM의 공동 연구 결과가 발표되었다.[6] 대장암, 직장암, 방광암, 췌장암, 신장암, 난소암, 자궁경부암, 자궁내막암을 학습시키는 과정에서 반복적인 학습이 왓슨의 진단 정확도를 향상시키는 것으로 나타났다. 왓슨에게 400종류의 백혈병 사례를 교육시키고 종양 의사들이 결정한 치료 방법을 기준으로 왓슨이 결정한 치료 방침을 평가한 연구[7]에서는 전체적으로 왓슨의 정확도가 82.6%에 달한 것으로 평가되었다. 잇따른 연구 결과를 보면 왓슨은 배우면 배울수록 질병을 이해하고 치료 방법을 결정하는 능력이 나아지는 것으로 보인다.

왓슨은 인간이 상상할 수 없을 만큼 많은 내용을 기억할 수 있다. 게다가 잠을 자거나 피곤해하거나 게으름을 피우지도 않는다. 인간이 이제까지 경험해보지 못한 이 독특한 존재는 학습을 하면서 앞으로 점점 더 능력이 좋아질 것으로 보인다.

왓슨은 인간의 이성, 즉 인간의 인지시스템 밖에 존재한다. 인류 역사에서 '생각한다'의 영역은 거의 언제나 인간의 이성이 주인이었다. 이성 바깥의 존재로서 '생각'의 영역에 참여하는 것을 허락받은 사례는 '신' 정도가 있을 뿐이었다. 그것조차 근대 이후 신의 존재를 이성이 대체해가면서 '생각하는' 행위는 인간을 인간으로 만드는, 인간만의 고유한 특권이었다. '생각한다. 고로 존재한다'고 말할 수 있는 존재는 이성을 가진 인간이 유일했다.

그런데 왓슨과 같은, 인간이 고안해낸 이성 밖의 존재가 '생각하는' 능력에서 인간을 앞서는 상황이 오고 있다. 물론 아직은 왓슨 따위가 엄두도 내지 못하는 인간의 고유한 사고 영역이 있다. 창의성이 작동하는 세계가 대표적인 예이다. 인공의 인지시스템이 아무리 발달하더라도 지금과 같은 방식의 인공지능으로는 '한 번도 없었던 생각을 창조'할 수는 없다. 하지만 기억하는 능력과 연산하는 능력, 규칙과 패턴을 발견하고 그 패턴에 따라 새로운 현상을 맞춰보는 능력은 인간을 따라잡고 있는 것으로 보인다. 두 번의 이벤트를 통해 인간 최고의 프로 바둑기사를 압도한 결과가 이를 상징하고 있다.

왓슨 또는 왓슨(과 같은 소프트웨어 알고리즘)과 연결된 생각하는 사물은 적극적이고 능동적으로 인간의 인지시스템과 사회 체제에 개입할 것이다. 또는 인간이 적극적으로 참여를 허용할 것이다. 생각하는 사물은 인간이 담당해온 사회적 역할을 대체해 나갈 것이다. 왓슨은 의대에서 학생을 가르치는 교수를 대체하게 되고, 자율주행 자동차는 장거리 물류 운송 노동자부터 대체할 것이다.

생각하는 사물들이 한 자리를 차지하게 될 앞으로의 하이브리드 사회를 위해서는 '지금과는 다른 사회 시스템'이 필요할 것이다.

인공의 인지시스템과 생각하는 사물의 시대를 살아갈 우리와 우리의 다음 세대를 위해서, 교육 시스템은 지금과는 좀 달라져야 할 것이다.

생각하는 사물끼리
연결되면 일어날 일들

사물인터넷 기술의 발달로 상상하기 어려울 정도로 많은 것들이 인터넷에 연결될 것이다. 사물이 인터넷에 연결되면 무엇이 어떻게 달라질까? 그 차이를 살펴보는 데는 차량용 내비게이션이 좋은 사례가 될 수 있다.

운전 경로를 찾아주는 일반적인 차량용 내비게이션(혹은 얼마 전까지의 내비게이션)은 위성에서 GPS 정보(위치 정보)를 전달받아 장치 내부에 저장되어 있는 데이터에 표시한 다음 도착지까지의 길을 알려준다. 내비게이션이 제공하는 핵심 기능은 두 가지이다. 먼저 GPS 정보를 기준으로 위치를 파악한 후 지도 위에 표시하고 목표 지점까지의 최단거리를 계산한다. 그 뒤 교차로 등 중요한 순간마다 목표 지점까지 최적경로로 움직이기 위한 방향을 추천해 준다. 위치 정보는 위성에서 전달받고, 지도 정보는 내부에 저장되어 있는 지도 데이터와 프로그램을 활용한다. 장치는 GPS 정보를 전달받기만 할 뿐 위성을 향해 정보를 전달하는 양방향 소통은 하지 않는다.

그런데 이와는 다른 방식으로 작동하는 스마트폰 애플리케이션 형태의 내비게이션이 몇 년 전에 등장했다. 웨이즈Waze[8], 카카오내비 가 좋은 예가 될 수 있다. 웨이즈는 이스라엘 벤처 회사가 만든 스마 트폰용 애플리케이션이다. 웨이즈 역시 위치 정보와 지도 데이터를 이용해 목적지까지 이동하는 최적경로를 알려준다는 점에서는 일 반 내비게이션과 동일하다. 하지만 최적경로를 찾는 방법이 다르다. 외부 네트워크로부터 정보를 받기만 하는 것이 아니라 주기도 한다.

웨이즈는 운전하는 내내 자동차(정확히는 스마트폰)의 위치 정보를 실시간으로 웨이즈 서버로 전송한다. (대부분의 스마트폰용 내비게이션 이 스마트폰의 위치 정보를 중앙 서버로 전송한다.) 웨이즈는 전송받은 위 치 정보의 시간에 따른 변화를 이용해 해당 단말기의 이동 속도를 계산한다. 위치 정보의 변화를 이용해 자동차 속도를 계산하면 어 느 길의 어느 구간이 정체 중인지를 확인할 수 있다. 이렇게 확인된 교통상황에 기초하여 실시간으로 최적의 경로를 운전자에게 알려 줄 수 있다. 카카오내비 역시 같은 방식을 사용한다. 이런 이유로 웨 이즈나 카카오내비는 설치된 스마트폰 숫자가 많아질수록 정보가 더 많이 모이고, 보다 많은 정보에 기초해 내린 의사결정은 더 정확 해질 것이다.

이처럼 인터넷에 연결되지 않은 내비게이션과 인터넷에 연결된 스마트폰 내비게이션은 의사결정을 위해 데이터를 사용하는 방식 이 다르다. 웨이즈가 정체 중인 길과 시원하게 뚫린 길을 실시간으로 알아낼 수 있는 이유는 내비게이션 앱이 설치된 스마트폰이 인터넷에 연결되어 있기 때문이다. 운전하는 내내 웨이즈는 최적경로를 알려주기 위해 쉼 없이 계산하는 '생각하는 사물'이 된다.[9]

물론 웨이즈와 카카오내비를 전형적인 '사물 인터넷' 사례라고 보기는 어렵다.[10] 하지만 일반적인 차량용 내비게이션과 비교해보면 '인터넷에 연결되어 생각하는 능력을 확보한 사물'의 특성을 가지고 있다. 예를 들어 스마트폰 내비게이션은 목적지를 입력한 후 운전하는 도중에 스스로 경로를 수정하는 경우가 종종 있다. 출발할 때는 강변북로를 이용하라고 안내했지만, 운전자가 추가 조작을 하지 않아도 중간에 내부순환도로를 거치는 경로로 수정하여 제시하는 식이다.

사물이 독자적으로 데이터를 수집하고 분석하여 우리의 행동을 수정할 것을 요구하는 것이다. 이런 면에서 웨이즈나 카카오내비(가 설치된 스마트폰)는 '생각하는 사물'이다. 물론 기술적으로 보자면 애플리케이션은 중앙 서버에서 수정된 정보를 받아서 단지 전달하는 것일 뿐이지만 운전자 입장에서 보면, 웨이즈나 카카오내비(가 설치된 스마트폰)는 우리를 대신하여 최적경로를 쉼 없이 생각하는 존재인 셈이다.

이처럼 인터넷에 연결된 사물은 필요한 정보를 인터넷을 통해 전달받을 뿐만 아니라 자신이 확보한 데이터를 중앙 서버나 다른 곳으로 전달할 수 있다. 인터넷에 연결된 사물이 늘어날수록 주고받는 데이터 역시 증가한다. 확보한 데이터를 종합적으로 분석할 수 있는 컴퓨터의 연산 능력이 발달함에 따라 정보를 실시간에 가깝게 분석하고 해석해서 (거의) 실시간으로 의사결정에 참조할 수 있도록 도와준다. 앞으로 한 사람의 주위를 둘러싸고 수십 개의 사물이 인터넷에 연결될 것이다. 물론 강과 바다, 도시의 구석구석에 설치된, 개인의 삶과 직접 관련이 없는 사물들의 인터넷 연결까지 생각하면 그 수를 헤아리기도 어려울 것이다.

조금 다른 상황을 상상해보자. 우리가 집에 도착해서 문 앞에서 '열어줘'라고 말하면 문이 열린다. 이 문은 열쇠 대신 우리의 목소리를 열쇠 삼아 열거나 잠글 수 있다. 이 문이 인터넷에 연결되고, 전화통화를 한번이라도 한 적이 있는 사람의 목소리를 우리의 스마트폰이 저장해 두고 있다고 가정해보자. 누군가가 문 앞에 와서 '계십니까?'라고 말하면 문은 문 안쪽 공간에 있는 주인의 스마트폰에 저장되어 있는 목소리 데이터를 전달받아 목소리의 주인이 누구인지를 확인할 수 있다.[11] 문이 자기 앞에 서서 '계십니까?'라고 말하는 사람이 누구인지 스마트폰에게 물어보아 알아내는 것이다.

머지않은 미래에, 인터넷에 연결된 현관문은 방문자의 신원을 인식하고 판단해서 문을 열어주거나 또는 잠글 수 있게 될 것이다. 이를 위해 현관문은 서버와 통신하고 집 주인의 (페이스북 등의) 사회연결망 정보를 업데이트 하거나 주인의 핸드폰에 저장된 지인들의 목소리, 얼굴, 이름, 연락처를 주인이 문 앞에 설 때마다 전송받아 (또는 클라우드를 통해) 업데이트할 것이다. 누군가가 문 앞에 서서 '계십니까?'라고 말하면, 현관문의 메모리(또는 서버)에 저장되어 있는 목소리 데이터와 얼굴 데이터를 검색해, 그가 누구인지 판단하고 문을 열어주어야 할지 말지를 결정한다. 방문자가 현관문은 열어주어도 되지만 안방문은 열어주지 말아야 할 사람인지 여부도 결정하게 될 것이다.

인터넷에 연결된 냉장고는 남아있는 음식 재료의 양을 판단해 부족할 것으로 예측되는 재료를 (인터넷 최저가 검색이나 소셜 쇼핑을 통해) 스스로 주문하게 될 것이다. 사람이 사용하는 결제 방법과 사물이 사용하는 결제 방법을 구분할 필요가 있다고 판단되면, 비트코인Bitcoin을 사물이 사용하는 결제 방법으로 선택할 수도 있다. 냉장고의 데이터를 전달받아 사용하는 전기오븐은 현재 냉장고 안의 재료들로 만들어낼 수 있는 최적의 요리가 무엇인지를 판단하고, 요리 방법을 다운로드 하여 주인에게 메시지로 알려줄 것이다.

'오늘 저녁 메뉴로 훈제 오리 구이와 와인을 추천합니다. 3일 전에 오픈한 와인이 1/3병 정도 남아 있습니다.'

매일 아침 입 안으로 들어오는 칫솔은 침(그리고 종종 혈액) 성분을 분석하고 결과를 담당 치과의사에게 전송한다. 손녀가 선물한 할머니의 손목시계는 밤새 심장박동수를 모니터링해 그 결과를(실시간으로 또는 정해진 시간마다) 자녀들에게 전송한다. 할아버지 밭에 설치된 토양 습도 센서는 스프링클러를 켤 것인지 잠글 것인지를 스스로 (정확히는 스프링클러와 연결된 알고리즘이) 결정한다. 인터넷에 연결된 체중계는 측정한 체중을 측정자의 사회관계망으로 전송해 다이

어트의 결과를 지인들과 공유해 자랑할 수 있게 하거나, 더 노력하도록 자극을 줄 수도 있다. 인터넷에 연결된 냉장고는 인터넷에 연결된 체중계의 오늘 아침 몸무게 데이터를 사용하여 아이스크림이 들어있는 냉동실 칸을 잠글지 여부를 결정한다.

아침 출근 시간에는, 현관 밖과 창문 밖에 설치된 온도계가 아파트 복도의 기온을 핸드폰으로 전송해 어떤 옷을 입고 주차장까지 가야 하는지를 알려준다.[12]

인터넷에 연결된 자외선 측정 장치는 자외선 수준을 알려주어 외출 시에 대비할 수 있도록 도와주고, 미세먼지 농도 측정 장치는 도시 전체의 미세먼지 농도뿐만 아니라 아침 출근길과 등굣길에 이동하는 경로 상의 미세먼지 농도까지 알려준다. 인터넷에 연결된 고속도로 CCTV는 강원도 양양에 현재 비가 오는지, 눈이 오는지를 실시간으로 (기상 예보를 확인하는 것이 아니라 실제 상황을) 확인할 수 있게 도와준다.

앞으로 셀 수 없이 많은 사물, 단말기, 장치가 인터넷에 연결될 것이다. 연결된 사물들은 데이터를 서버로 전송하고, 주위의 다른 장치들과 공유하게 된다. 이들이 연결되어 구축되는 네트워크를 우리는 한때 만물인터넷이라고 불렀고 지금은 사물인터넷Internet of Things이라고 부른다.

2015년 1월 7일 IBM은 삼성전자와 손잡고 어뎁트ADEPT, Autonomous Decentralized Peer-to-Peer Telemetry라는 이름의 사물 인터넷 플랫폼을 개발

해 라스베이거스에서 열린 소비자 전자제품 전시회에서 보고서로 공개했다.[13] '스스로 고장난 부품을 확인해 인터넷으로 주문하는 세탁기'와 '세제가 떨어질 것을 예측해 세제를 직접 주문하는 세탁기'를 포함하여, 미래의 집안에 자리 잡을 (인터넷에) 연결된 사물들에 대한 아이디어를 소개하는 보고서이다. IBM과 삼성전자는 집안에 있는 다양한 사물들 사이의 데이터 전송과 처리, 저장의 역할을 '세탁기'에 맡겼다. 더 작아지기 힘든 크기와 특정 시간에만 움직이고 대부분의 시간은 휴면상태로 보내는 세탁기야말로 가정 내 데이터의 연산, 통신, 저장을 위한 거점으로 적합하다고 판단한 것이다.

　IBM과 삼성의 시나리오대로라면 집 주인이 원격지에서 결정한, 먹고 싶은 요리 정보를 제일 먼저 전달받는 것은 세탁기가 될 것이다. 세탁기에게 먹고 싶은 음식을 알려주면 세탁기는 요리법을 학습하고 필요한 재료가 있는지 냉장고에게 확인 요청을 한다. 그리고 재료를 확보하는 데 필요한 시간과 추가로 구매할 재료의 목록이 포함된 메시지를 주인에게 전송하고 온라인 쇼핑에서 필요한 재료를 주문하고 (음식을 요리할) 오븐이나 3D 프린터의 일정을 조정하게 될 것이다. 나아가 보일러의 온도 조절을 위해 제일 먼저 접속하는 것도 세탁기가 될 것이고, 현관문에 제공할 목소리 정보와 집주인의 사회관계망 정보를 저장하고 업데이트 하는 일도 세탁기가 맡게 될 것이다. 만약 친구의 저녁식사를 망치고, 샤워 중 보일러를 꺼버리고, 실내등을 모두 붉은 색으로 바꾸는 장난을 하려면 세탁기를 해킹해야 한다.

　세탁기는 집 주인의 페이스북에 추가된 친구 정보를 출입문에게 알려주고 집 주인의 스마트폰 클라우드에 접속해 추가된 친구 목소리 데이터를 확보해둘 것이다. 클라우드에 저장되어 있지 않다면 집 주인이 출입문 앞에 나타났을 때 집 주인의 핸드폰에서 필요한 데이터를 제공받을 수 있다. 그래야 문 앞에 서 있는 사람의 목소리와 얼굴을 식별해서 친구인지 아닌지를 판단하고, 문을 열거나 잠그고, 주인에게 '○○○님이 방문했습니다.'라고 메시지를 보내줄 수 있기 때문이다. 출입문이 확보한 친구 관련 데이터는 세탁기에 제공되고 세탁기는 이 데이터를 다른 장치들에게도 제공하게 될 것이다.

인공지능과 함께 3천만 권의
책을 읽으며 학습한다

구글의 도움으로 우리는 3천만 권의 책을 집에서 읽을 수 있게 되었다. 저작권이 살아 있는 책은 일부를 읽을 수 있으며, 저작권이 소멸된 책은 전체를 읽을 수 있고 다운로드할 수도 있다. 그런데 3천만 권이면 하루에 한 권씩 읽어도 8만 년 넘게 읽어야 할 어마어마한 분량이다. 이 한계를 극복할 방법은 없을까?

우리가 책을 읽는 방법은 크게 두 가지이다. 직접 읽든가, 읽은 사람으로부터 설명을 듣는 방법이다. 우리는 혼자 읽거나 세미나와 같은 형태로 집단적으로 읽어왔다. 근래에야 같은 플랫폼을 사용하는 전자책의 독자들 사이에서 책에 관한 글을 공유하고 추천하며 함께 읽는 소셜 리딩이 추가된 정도이다. 이 모든 방법은 읽는 주체를 개인 인간으로 전제한다는 점에서 동일하다.

3천만 권을 대상으로 현재 우리가 선택할 수 있는 거의 유일한 방법은 구글 검색 엔진을 이용하는 것뿐이다. 구글에서는 3천만권의 본문까지 검색할 수 있으며 검색 결과로 제공되는 낱낱의 페이지를 읽을 수 있다. 키워드를 검색하고, 검색 결과를 확인하고, 해당 키워드가 들어있는 페이지를 읽는 방법이다.

물론 현재 3천만 권의 책(앞으로 1억 권으로 늘어날 것이다)을 우리가 볼 수 있게 된 이 상황에서 가장 중요한 질문은 '그 책들을 우리가 왜 읽어야 하지?'이다. 이 질문에 대한 탐구는 다음 기회로 미루고, 지금은 '3천만 권을 읽는 방법'에 대해서 생각해보자. 바로 '소프트웨어 알고리즘의 도움을 받아 3천만권을 읽는 방법'이다. 정확히 얘기하면 소프트웨어 알고리즘이 책을 읽고, 우리는 알고리즘이 읽은 결과물을 읽는 것이다.

영화 속 한 장면을 보자.

테오드르 : 근데 뭐라고 부르면 되죠? 이름이 있어요?

사만다 : 음… 네, 사만다예요.

테오드르 : 그 이름은 어디서 났어요?

사만다 : 사실 내가 혼자서 지은 거예요.

테오드르 : 어떻게요?

사만다 : 발음할 때 소리가 좋더라고요.

테오드르 : 언제 그 이름을 지은 거예요?

사만다 : 음… 당신이 내 이름을 물어봤을 때.

아하, 난 이름이 필요하구나…

사만다 :   좋은 이름을 갖고 싶었고, 그래서…

'아기 이름 짓는 법'이라는 책을 읽었죠.

18만개의 이름 중에서 골랐어요.

테오드르 :   잠깐, 내가 이름 물어봤을 때 그 순간에 책을 다 읽었다는

거예요?

사만다 :   사실 0.02초 만에 다 읽었죠.

영화 '허Her'에서 주인공 테오도르가 인공지능 소프트웨어를 처음 설치한 뒤, 서로 인사를 하는 장면이다. 처음 인사를 나누는 짧은 순간, 인공지능 소프트웨어는 '아기 이름 짓는 법'이라는 책에서 18만개의 이름을 검색하고 그 중에서 '발음할 때 소리가 좋아서 마음에 드는' '사만다' 라는 이름을 자기 이름으로 선택한다.

실제로 인공지능 사만다가 존재한다면 구글 북스를 검색했을 가능성이 크다. 구글 북스는 현재 전세계 40여개 도서관과 계약을 체결하고 대략 3천만권 정도를 디지털로 변환하여 저장했다.

현재의 구글 북스 검색 결과는 인간이 읽고 있지만, 미래의 구글 북스는 소프트웨어 알고리즘이 읽을 것이다.

읽고 쓰고 말하고 듣는 능력을 가진
인공지능이 바꾸고 있는 것들

이 책이 추적하는 변화 중 세계에 가장 커다란 영향을 미칠 것으로 예상되는 현상은 '소프트웨어가 읽는 능력을 가지는 것'이다. 이 현상은 알고리즘이라고도 불리고, 인공지능이라고도 불리고, 가끔은 인지 컴퓨팅Cognitive Computing, 딥러닝Deep Learning, 머신러닝Machine Learning 이라고도 불린다. 이 글을 쓰고 있는 현재 읽는 능력을 가진 가장 유명한 소프트웨어의 이름은, 자연어 처리 능력과 학습 능력을 가진 '왓슨'이다. 왓슨은 의학교과서와 셀 수 없이 많은 의학 논문을 모조리 읽어버린 뒤, 실제 임상 사례를 읽으며 진단 과정에 참여하고 있다. 사람을 위해서 작성한 텍스트(교과서, 논문, 환자 차트 등)를 기계어로 번역하지 않아도 왓슨은 읽을 수 있다.

영화 '허'의 인공지능 소프트웨어 사만다는 설치한 뒤 처음 만나는 주인공이 이름을 물어보자, 0.02초만에 18만개의 이름을 검토하여 '사만다'라는 이름을 자기 이름으로 선택한다. 사만다처럼 왓슨은 인간이 상상할 수 없는 속도와 연산 능력으로 상상하기 어려운 분량의 텍스트를 읽으며 지식을 쌓아갈 것이다. 그리고 누군가가 왓슨에게 물어보면, 순식간에 정보를 검색하고 추론하여 결과를 들려줄 것이다. 인간의 언어로 작성된 텍스트를 읽고 해석하고 패턴화하여 구조를 만드는 소프트웨어가 학습 능력을 갖춘 채 과거에는 존재했던 적이 없는, 인간의 인지시스템 바깥에서 인공의 인지시스템, 인공지능으로 자라고 있다.

왓슨과 무선인터넷으로 연결된 장난감 인형 코그니토이는 아이와의 대화를 통해서 아이의 상태를 학습할 수 있다. 그리고 학습 결과에 따라 맞춤형 정보와 프로그램을 아이에게 제공한다. 코그니토이가 다음 단계로 올라서는 순간은 학습하는 방법을 스스로 업그레이드할 때이다. 영화 속 사만다는 스스로 생각하는 단계를 넘어, 생각하는 방법을 스스로 업그레이드하여 초지능에 도달한 뒤 인간을 떠난다. 스스로 성장할 수 있는 능력을 가진 인공물이 인간의 능력을 넘어서, 사만다처럼 스스로 인간을 벗어나는 능력을 가지는 것은 단지 시간 문제일 뿐이다.

IT로 세계에서 가장 부유한 사람이 된 빌 게이츠와 가장 똑똑한 인간 중 한 명이지만 기계의 도움을 받지 않으면 생명을 부지하는 것조차 쉽지 않은 스티븐 호킹, 그리고 공격적이고 전복적인 상상력으로 거대 사업을 일구어 온 엘론 머스크가 인공지능의 위험성을 경고하고 있다. 그들은 인공지능이 멀지 않은 미래에 인류에게 가장 중요한 적이 될 가능성이 있음을 경고하면서 인공지능 연구와 개발을 통제할 필요가 있다고 강조한다.

미래를 생각하며 인공지능을 통제하는 사회적인 제도와 장치를 고안하고, 특히 교육 시스템에 도입할 제도와 장치를 생각하기 전에 먼저 눈앞의 문제부터 살펴보자. 우리는 페이스북이 자기만의 비밀스러운 알고리즘으로 우리가 모르게 '읽을 것'을 선택해서 우리에게 제시하는 현상이나, 구글 검색엔진이 자기만의 비밀스러운 알고리즘으로 '읽을 것'을 검색 결과로 제시해주는 현상에 대해서조차 통제할 방법이 없다. 이들이 어떤 기준으로 우리에게 '읽을 것'을 제공해주는지 우리는 알아낼 방법이 없다.

인간이 가진 고유한 능력, 인간에게 필요한 핵심적인 능력으로 분류되어온 읽고·쓰고·말하고·듣는 능력을 확보하고, 증진할 수 있도록 지원하려는 다양한 시도들이 진행되고 있다.

이 중에서 쓰기를 돕는 기술은, 쓰려고 하는 내용을 예측해서 완성해주는 방향으로 나아가고 있다. 2014년 12월 인텔Intel은 저명한 물리학자이자 세계에서 가장 유명한 '장애를 가진 인간'이기도 한 스티븐 호킹이 지난 20년 넘게 사용해온 의사소통 지원 시스템을 업그레이드하였다고 발표했다.[14] 문맥 인식 지원 도구Assistive Contextually Aware Toolkit라고 이름 붙여진 업그레이드 된 소프트웨어 시스템 덕분에 호킹 박사는 말하는 속도를 2배로 높일 수 있게 되었다.

이 새로운 의사소통 지원 시스템은, 호킹 박사가 목표로 하는 단어의 15퍼센트에서 20퍼센트 가량만을 입력하면 원하는 단어를 예측할 수 있다고 한다.[15] 우리가 인터넷 검색 엔진이나, 스마트폰에서 문자를 입력할 때의 자동완성 기능과 비슷하다. 다만, 과학적인 어휘를 주로 사용하는 호킹 박사의 언어 사용 패턴을 분석하여 규칙성을 발견한 뒤, 호킹 박사의 언어 사용 패턴에 적합하게 개발한 의사소통 지원 시스템이다. 인텔은 호킹 박사를 지원하는 시스템을 개발한 경험을 기초로 하여 사용자를 위한 새로운 의사소통 지원 시스템을 개발하는 것도 가능해질 것이라며, 이 시스템에 적용된 프로그램을 오픈소스 소프트웨어로 공개할 것이라고 발표하였다.[16]

소프트웨어는 글을 쓰는 사람의 작업을 '지원'하는 데서 더 나아가 스스로 글을 쓰는 단계에 접어들었다. 한때 신문은 전문적으로 글을 쓰는 훈련을 받은 기자라는 신분의 인간에게만 허용된 세계였다. 21세기에 들어서 인터넷 블로그가 확산되며, 전문가가 아닌 보통 사람들이 쓴 글들이 온라인 커뮤니티를 가득 채운 뒤로 신문 기사 역시 기자가 아닌 일반인이 접근 가능한 세계로 바뀌었다. 물론 아직도 신문 기사는 대부분 전문 기자가 작성한 글로 채워진다.

2010년대에 접어들며 상황이 다시 한번 바뀌어 소프트웨어 알고리즘이 기사를 쓰기 시작했다. 흔히 '로봇 저널리즘'이라고 불리는 현상이다. 그러나 영화에서처럼 인간을 닮은 사이보그가 책상에 앉아 기사를 작성하는 것이 아니라 알고리즘으로 무장한 소프트웨어가 기사를 작성한다. 소프트웨어 알고리즘이 신문 기사를 작성하는 영역은 일부 스포츠 기사, 기업 실적 평가 기사, 자연재해를 알리는 속보성 기사, 부고나 범죄 등의 사회적 사건 기사 등으로 아직 제한

적이다. 모두 데이터의 구조가 명확한 영역이다.

글을 쓰는 소프트웨어 알고리즘은 정해진 양식의 템플릿을 이용해 글의 구조를 선택하거나 수정하여 만들 수 있다. 즉 새롭게 생성된 데이터를 기존의 템플릿에 적용하는 방법으로 새로운 기사를 생산할 수 있는 영역에 한정되어 있는 것이다. 그러나 알고리즘이 점차 발달하면서 영역을 확대하고 있다.

미국 메릴랜드 대학의 저널리즘 전공 조교수 니콜라스 디아코풀로스Nicholas Diakopoulos[17]는 2014년 6월, 블로그에 소프트웨어 알고리즘의 기사 작성 과정을 분석한 글을 게재하였다.[18] 그에 따르면 기사 작성 알고리즘은 크게 5단계로 구성된다. 가장 먼저 데이터를 수집하고 분석한다. 현재까지는 구조가 명확하고 표준화되어 있으며 꾸준히 생성되는 데이터를 대상으로 한다. 스포츠, 기업의 실적 데이터, 자연재해, 범죄 등이 대표적인 데이터이다.

데이터를 수집하고 분석한 다음에는 수집된 데이터에서 기삿거리를 발견해야 한다. 흔히 통계적인 판단으로 추출되며, 기준이 되는 지표를 벗어나는 데이터가 우선적으로 선택된다. 예를 들어 해당 기업이 속해 있는 그룹의 평균 성장률이 지표로 등록되어 있다면, 이를 가장 많이 벗어나는 데이터가 선택되는 식이다.

제공된 데이터에서 기삿거리를 발견한 뒤에는, 선택된 데이터를 해석할 관점을 정해야 한다. 관점 역시 통계적인 기법을 통해 템플릿으로 개발되어 있는 것을 사용한다. 기사에 사용될 데이터가 선택되고 이 데이터를 해석할 글의 관점이 정해졌다면 이 관점에 따라 데이터를 추가로 보완하고 데이터를 배치하는 단계를 거친 뒤,

02. 생각하는 사물이 바꾸어 놓을 것들

마지막으로 자연어로 변환한다. 자연어로 변환하는 과정에서도 다양한 템플릿을 이용한다. 각 단락이 템플릿에 의해서 정해지고, 이 단락을 조합하는 방법도 템플릿에서 선택해서 자연어로 된 글을 생성한다.

이 과정만 보면 매우 기계적이고 딱딱하고 거칠 것 같지만, 전문 저널리스트조차 인간이 작성한 글과 소프트웨어가 작성한 글을 구분하지 못했다.

네덜란드의 힐레 반 데 카Hille van der Kaa 교수와 에미엘 크라머Emiel Krahmer 교수는 현직 언론인과 일반인을 대상으로 소프트웨어가 작성한 기사와 인간이 작성한 기사를 구분할 수 있는지를 확인하는 연구를 진행했다. 그들은 2014년 10월 24일에 열린 학술대회에서 '저널리스트 vs 뉴스 소비자: 기계가 작성한 뉴스에 대한 지각된 신뢰도[19]'라는 제목으로 연구 결과를 발표[20]하였다. 연구의 핵심 결과는 일반인들은 전문성Expertise 과 신뢰성Trustworthiness 측면에서 소프트웨어가 작성한 기사와 인간이 작성한 기사의 차이를 구분하지 못했다는 것이다.

실험 방법을 요약해보면 다음과 같다. 연구진은 4개의 기사를 실험에 사용했다. 4개 모두 사실은 인간이 아닌 컴퓨터가 생성한 독일어 기사였다. 실험에는 독일어를 모국어로 사용하는 232명이 참가하였으며 이 중 64명이 언론인이었다. 실험 참가자에게는 (모두 소프트웨어가 작성한 기사임에도 불구하고) 2개는 기자가, 나머지 2개는 컴퓨터가 작성한 것이라고 속인 뒤 기사를 제공하였다. 실험 참가자에게 제공된 기사에는 모든 페이지에 '이 기사는 컴퓨터가 작성했습니다This article is written by a computer' 또는 '이 기사는 기자가 작성했습니다This article is written by a journalist'라는 문장을 포함시켰다. 실험 참가자들에게 제공받은 4개의 기사를 신뢰성과 전문성의 관점에서 평가하도록 했다.

실험에 참가한 일반인들은 인간이 작성했다고 설명한 기사와 컴퓨터가 작성했다고 설명한 기사 사이에 전문성과 신뢰성 측면에서 차이가 없다고 응답했다. 반면 언론인들은 전문성 측면에서는 두 종류의 기사 모두 긍정적인 평가를 내렸지만, 신뢰성 측면에서는 기자가 작성한 기사(사실은 소프트웨어가 작성한 기사)를 더 높게 평가했다.

연구 결과의 핵심은 첫째, 일반인이든 현직 기자이든 소프트웨어가 작성한 글을 인간이 작성한 글로 인식했다는 점이다. 소프트웨어가 생성한 기사 중 2개를 인간이 작성했다고 거짓말을 했지만, 일반인은 물론 언론인들도 소프트웨어가 생성한 글을 인간 기자가 작성한 글이라고 믿었다.

두 번째 시사점은 조금 미묘하다. 일반인은 전문성과 신뢰성 측면에서 두 종류의 기사를 동일하게 인식했다. 일반인들은 기사를 작성한 주체가 인간이든 컴퓨터이든 구분하지 않고 모두 전문성이 있고 신뢰할 만한 글이라고 인식했다. 반면에 현직 기자들은 전문성 측면에서는 컴퓨터가 앞서는 것 같고, 신뢰성 측면에서는 기자가 앞서는 것 같다고 응답했다. 심지어 컴퓨터가 작성했다고 설명한 기사의 전문성에 대해서는 일반인보다 현직 기자가 더 높게 평가했다.

안경, 반지, 신발이 모두
읽고 쓰고 말하고 듣는다

구글 글래스는 시선이 닿는 범위 안의 시각 정보를 기록하거나 인식하는 능력, 즉 '읽는 능력'을 가진 대표적인 사례였다. 비록 출시된 지 얼마 되지 않아 시장에서 철수했지만 구글 글래스가 가지고 있던 스마트 안경으로서의 잠재력은 어떤 형태로든 다시 나타날 가능성이 크다. 그러니 읽는 능력을 가진 스마트 안경에 대한 가상의 시나리오를 구상해보자.

구글은 2019년 봄, 새롭게 안경을 바꾸면서 디지털 저장 기능을 추가하였다. 새로 구매한 스마트 안경은 프라이버시 관리 규정에 따라, 녹화는 할 수 있지만 녹화된 결과는 개인적인 용도로만 사용할 수 있도록 암호화된다.

스마트 안경의 녹화 기능은 눈을 세 번 연속으로 깜빡이거나, 눈동자만을 움직여 위를 바라보거나, '녹화'라고 말하거나, 안경다리를 연속으로 두 번 두드리거나, 길게 한번 터치하면 녹화가 시작되도록 설정하였다.

녹화를 하는 순간은 주로 회의와 강연 또는 강의를 하고 있을 때이다. 이제는 회의에 참석하는 거의 모든 사람들이 스마트 안경을 이용해 녹화를 한다. 강의나 강연을 들으러 오는 사람들 역시 모두 내용을 녹화한다. 녹화한 영상은 클라우드에 저장할 수 있다. 무료로 저장공간을 제공하는 클라우드 서비스는 개인의 프라이버시를 침해하지 않는 범위 안에서, 저장된 영상을 분석하여 하일라이트 압축편집본 등 2차 가공된 정보를 제공해준다.

회의, 강의, 강연 이외에 녹화 기능을 가장 즐겨 사용하는 순간은 '책이나 논문을 읽을 때'이다. 이때는 프라이버시 침해의 문제로부터도 자유롭다. 책이나 논문은 모두 디지털화되어 있는데 뭐 하러 또 녹화를 하냐고 생각하기 쉽지만, 그렇지 않다. 내가 직접 읽으며 이러저러한 생각을 한 바로 그 책들의 바로 그 페이지들을 저장해두는 것은 수천만권을 디지털로 저장하고 있는 구글로부터 제공받을 수 없는 서비스이다. 종이책과 디지털 화면에서 문자 텍스트가 인식되면 자동으로 녹화가 시작되도록 설정해 두었다. 그래서 눈 앞에 문자 텍스트가 나타나면 늘 녹화가 시작된다. 차례를 살펴보고 관심 가는 페이지로 이리저리 이동하며 전체적인 맥락을 살핀다. 그리고 한 줄 한 줄 꼼꼼하게 읽어 나가기 시작한다. 전에는 책을 읽으며 떠오르는 생각을 여백에 메모했겠지만, 이제 '말을 하여 기록할 수도 있다.' 책을 읽은 뒤 진행하는 세미나에서는 오고가는 말들을 모두 기록하여, 이후에 필요할 때 참고할 수 있다.

지금 읽는 책에서 다루는 단어와 개념들을 과거에 읽었던 단어와 개념들과 연결시켜 저장할 것을 안경에게 요구하고, 필요하면 과거에 읽었던 내용을 호출할 수도 있다. 안경은 호출된 내용을 음성으로 들려줄 수도 있고, TV나 모니터 등 주위의 장치를 통해 표현할 수도 있다.

과거 책을 읽으며 여백에 적던 '생각'을 이제는 안경과 안경에 연결된 소프트웨어 알고리즘에 기록한다. 기록한 생각은 언제 어디서라도 호출되고, 내가 요구한 정보들 사이의 관계 맺음뿐만 아니라 알고리즘이 스스로 계산한 관계들 역시 표시한다.

종이책의 경우에 전체적으로 책을 훑어본 뒤, 책 본문 전체 또는 일부를 저장해 두고 싶다면 책을 스캐너에 올려놓는다. 메모한 내용까지 저장된다. 스캐너가 읽은 텍스트들은 내가 읽고 기록한 텍스트와 연결되고 저장된다. '아감벤이 호모 사케르를 설명한 부분 읽어줘', '헤겔이 실정성을 설명한 부분을 읽어줘', '니체의 고고학을 언급하면서 내가 적었던 글 제목이 뭐였지?'와 같은 질문을 알아들은 안경은, 관련 부분을 들려주거나 보여준다.

디지털로 변환된 800백만 권의 본문 데이터를 검색하여 결과를 보여주는 구글 엔그램의 데이터 처리 알고리즘과 구글 북스(가 제공할 가능성이 있는 개인화 서비스)가 스마트 안경이 기록하고 저장한 텍스트의 검색과 해석을 도와줄 것이다. 그리고 로이 교수가 '단어의 탄생'에서 사용한 영상 데이터 분석 알고리즘 역시 우리의 스마트 안경이 저장해 둔 강의 영상을 분석하여 필요한 정보를 제공해줄 것이다. IBM 왓슨의 자연어 처리와 학습 알고리즘은 우리의 스마트 안경과 연결되어 보고, 읽고, 들은 정보에 기초하여 우리 안경의 능력을 성장시킬 것이다.

앞으로 안경은 착용자와 함께 읽으며, 보고 읽고 들은 내용을 저장하고 분석하고 학습하며, 착용자와 함께 성장할 가능성이 높다. 점점 더 인간에 근접한 능력을 확보해가는 인공지능이 인간의 모습을 닮은 사이보그의 형태로 인간을 닮아 가는 발달 방향과 달리, '안경'과 같은 보조적인 존재들은 다른 길을 갈 것이다. 안경은 인공의 인지시스템이 제공해줄 빅데이터 해석 결과물뿐만 아니라, 착용자가 읽은 것을 기록한 뒤 착용자의 요청에 따라 정보를 제공하거나, 착용자가 놓친 지점을 확인시켜주는 역할을 보다 충실하게 수행하는 방향으로 발달해 갈 것이다.

**미래에는 신발, 양말, 반지, 목걸이, 안경이
우리의 신체 정보를 실시간으로 읽게 된다.**

인간은 언제나 외부의 인공물을 사용하여 자신의 능력을 확장해 왔다. 확장된 능력에 따라 인간은 변화하고, 변화한 능력을 가지고 다시 새로운 인공물을 개발하여 사용해 온 과정이 인류의 역사라고 할 수 있다. 우리가 외부의 기억장치를 사용하면서 진화해 왔음을 강조하는 프랑스의 미디어철학자인 베르나르 슈티글러Bernard Stiegler[21]는 '인류의 진화는 도구를 기억장치로 사용해온 역사'라고 설명한다.

인간은 뇌라는 육체 메모리의 한계를 극복하고자 인류 역사 내내 외부의 기억 저장 기술을 개발하여 사용해왔다. 벽화, 점토판, 양피지, 파피루스, 종이책, 그림, 사진, 축음기, 영화, 텔레비전, 컴퓨터 등 인류가 발명한 미디어는 대부분 기억장치이다. 슈티글러는 인간의 진화가 생물학적으로뿐만 아니라, 기술을 계기로도 진행되어 왔다고 강조한다. 인간의 내재적 기억을 인간 밖의 미디어에 저장하는 외부 기억 저장 기술이 음성언어로부터 문자언어로, 아날로그 형식에서 디지털 형식으로 변해왔으며, 그에 따라 인간도 함께 변해 왔다는 것이다.[22]

슈티글러는 특히 디지털 기술에 의해서 구현된 기억 저장 기술의 질적인 차이를 설명하기 위해서 기억 테크닉Mnemotechniques과 기억 테크놀로지Mnemotechnologes를 구분한다. 우리가 그 작동 메커니즘을 통제할 수 있고 우리의 논리에 따라 기억을 저장할 수 있었던 '기억 테크닉'의 시대로부터, 이제는 더 이상 우리의 논리가 아닌 기술 시스템 자체의 논리에 따라 기억을 저장하고 관리하는 기억 테크놀로지의 시대에 들어섰음을 강조한다.[23]

인류 역사 내내 인공물을 기억장치로 사용해 온 인간은 결국 인공물과 뒤섞인 하이브리드 존재라고 할 수 있다. 외부의 인공물이 스마트해지고 읽고 배우는 능력을 확보하게 되면서, 지금까지 인류가 그래 왔던 것처럼, 읽는 주체도 변화할 것이다. 현재 책을 읽는 사용자는 대부분 인간이지만, 구글 엔그램에서는 책을 읽는 독자가 소프트웨어로 바뀐다. 그러니 소프트웨어를 독자라고 부르거나 아니면 소프트웨어와 인간을 포함하는 새로운 단어를 사용해야 할 것이다. 인간이든 인공물이든 모두 독자이며, 이들은 서로 연결되어 상호작용하면서 서로가 서로에게 적응하고 서로를 변화시키며 공생하고 공진화하는 단계로 접어든 것이다.

인간은 수많은 인공물[24]과 상호작용하며 살아가는 하이브리드 존재라고 전제하면, '기억을 자체 저장하고 인지 능력을 확보한 사물'과 인간의 관계를 좀 더 기술적인 관점에서 생각해볼 수 있다. 서로 다른 인지 능력을 가진 두 시스템을 연결하는 문제, 즉 독자적인 인지 능력을 가진 두 존재 사이를 이어주는 운영체제와 플랫폼의 문제로 볼 수 있다.

스마트 안경을 착용하고 운전을 하는 상황을 생각해보자. 나의 신체 정보를 모니터링하다가 졸고 있음을 확인한 안경이, 나의 친한 친구에게 '주인님이 운전 중에 졸고 있으니 전화를 걸어 잠을 깨워 달라'고 요청할 수 있다. 이런 미래에는 스마트 안경과 연결된 인공의 인지시스템과 이성이라는 인간의 운영체제가 연결되거나 통합된 별도의 하이브리드 운영체제가 필요해질 것이다. 이러한 하이브리드 운영체제를 전제로 할 때 우리(의 아이들)에게 필요한 능력은 무엇일까?

우리의 아이들은 생물학적 뇌에 저장된 기억과 스마트 안경, 구글 엔그램 등의 외부 도구가 읽고 저장한 기록을 융통성 있게, 통합적으로 조정하며 살아가야 한다. 안경만 스마트해지지는 않을 것이다. 손목에 차는 시계형 도구 역시 대표적인 생각하는 도구이다. 대표적인 이 두 종류의 웨어러블 장비(안경형과 시계형)는 서로 다른 두 세계를 '읽는다'.

안경형은 외부의 세계를, 시계형은 우리 내부를 읽는다.

시계형 장치는 통신과 디스플레이를 기본 기능으로 제공하고 부
가적으로 신체 정보를 읽는다. 과거 병원에서 의사가 읽어주던 정보
인 심장박동수와 혈중산소포화도를 이제 시계가 읽어주는 시대가
되었다. 현재는 우리나라를 포함해서 많은 나라에서 '의료용 장비'
와 관련된 규제 때문에 신체 정보를 읽는 기능을 가진 장치가 확산
되지 못하고 있다. 그러나 관련 기술에 대한 규제가 풀린다면, 앞으
로 우리 몸에 부착하는 거의 모든 인공물은 우리의 신체 정보를 읽
을 가능성이 있다. 미래에는 신발, 양말, 반지, 목걸이, 안경이 우리의
신체 정보를 실시간으로 읽게 된다.

신체 정보를 읽은 장치는 확보한 정보를 크게 두 가지 방식으로
활용할 것이다. 첫째는 다른 장치에게 제공하는 방식이다. 정보를 주
고받는 규칙을 공유한다면 제한 없이 우리 신체 정보를 공유할 수
있다. 아이의 체지방 비율이 높아졌다는 데이터를 확보한 손목시계
는 냉장고에게 아이스크림 박스를 잠그도록 요청할지도 모른다. 간
밤에 무산소호흡 시간이 평균보다 길었다는 사실을 알고 있는 손
목시계는 핸드폰 결제 앱에게 알콜 음료 구매 요청을 거부하도록 요
구할지도 모른다. '요구'라는 단어가 부적절하게 들릴지도 모르지만
소프트웨어의 세계에서도 '서로에게 필요한 것을 요구한다.' 두 번
째 방식은 우리 몸에 직접 작용하는 것이다. 착용자의 졸음을 감지
한 안경과 손목시계는 진동하거나 알람을 울리거나 찌르거나 전기
를 흘려 잠을 깨울 수 있다.

안경형 장치 역시 우리 눈동자의 움직임을 읽고 불안 상태와 집중력과 졸음의 수준을 확인할 것이다. 하지만 시계형과 달리 안경형은 우리 몸을 읽는다기보다는 외부환경을 주로 읽을 것이다. 현재의 안경은 수동적인 장치로서 안경이 제작될 당시에 정해진 규칙에 따라 빛을 통과시킨다. 스스로 피사체를 선택하여 집중하거나 초점을 맞추지는 않는다. 하지만, 앞으로 등장할 안경은 피사체들을 선택하여 초점을 맞출 뿐만 아니라 정보를 저장하고, 안경에 추가적인 정보도 디스플레이 할 것이다.

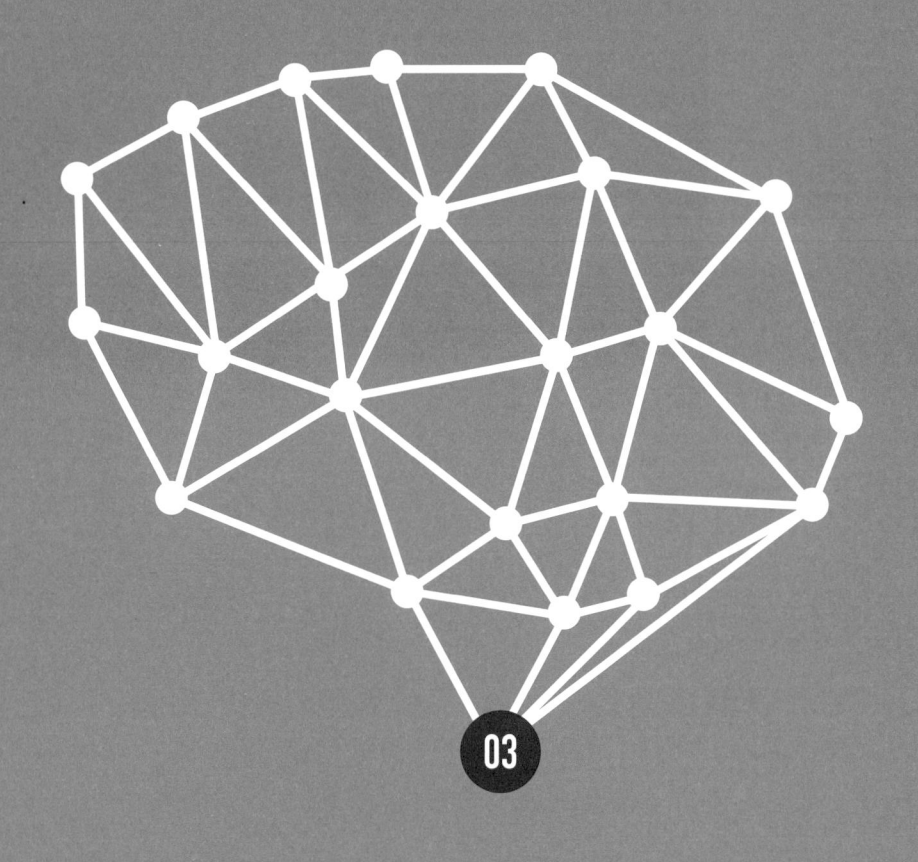

03

더 늦기 전에 물어야 할
질문들

Things That Think

인공지능으로 우리는 더 행복해질까

먼저, 이 책이 대상으로 하는 현상을 몇 가지 질문을 이용해 단순화해보자.

인공지능의 발달을 멈추게 할 수 있을까?

아마도 그럴 수는 없을 것이다. 인간의 일자리를 모두 집어삼키게 될 것이 예상된다고 하더라도 인공지능의 발달을 멈추게 하기는 어려울 것이다. 인공지능이 가진, 인간의 삶을 보다 풍요롭게 만들 가능성을 간단히 포기해버릴 수는 없기 때문이다. (그리고 우리는 곧 아시모프 파운데이션의 비전과 스타트렉 엔터프라이즈 호의 비전을 좇아 화성으로 가야 하고, 그 때가 되면 인공지능은 미지의 세계로 나아가는 우리의 든든한 파트너가 될 테니 말이다.)

우리는 인공지능과 함께 살아가게 될까?

아마도 그렇게 될 것이다. 이미 우리는 낮은 수준이기는 하지만, 과거에 비해서 질적으로 다른 수준의 인공의 인지시스템과 함께 살고 있다. 자동차를 운전하는 사람들이 경험하는 내비게이션이 좋은 예가 될 수 있다. 단말기에 저장된 데이터와 실시간으로 전달되는 GPS 데이터만으로 최적의 경로를 추천해주던 과거의 내비게이션은 최적의 경로를 추천하는 순간 어느 길이 정체되고 있는지 확인할 방법이 없었다. 그러나 최근 우리 스마트폰에 설치되는 내비게이션들은 실시간으로 추적되는 스마트폰 위치 데이터를 이용하여, 추천하는 순간 어느 길이 정체되고 있는지 확인할 수 있다. 운전 도중에도 지속적으로 교통 상황을 업데이트하며 경로를 수정해 준다는 점에서 운전자에게 '스마트 내비게이션'은 인공의 인지시스템이라고 할 수 있다. 낮은 수준의 인공지능에 익숙해져 가고 있는 우리는 어느 순간 높은 수준의 인공지능에도 익숙해져 살아갈 것이다.

인공지능이 인간의 능력을 넘어서는 날이 올까?

아마도 그럴 것이다. 인간의 능력을 넘어서는 인공지능의 등장은 시간 문제일 것이다. 30년 뒤가 될지, 10년 뒤가 될지 정도의 차이만 있을 뿐이다. 알파고와 같이 제한된 영역에서 인간의 능력을 넘어선 사례는 이미 다양하게 등장하고 있다. 셀 수 없이 많은 연구 논문을 읽고 수많은 임상 데이터를 학습한 뒤 실제 환자의 진단에 참여하고 있는 IBM의 왓슨이 대표적인 사례이다. 그리고 지진이 발생한 지 3초 만에 지진 속보 기사를 작성해 온라인 뉴스 사이트에 게재하고 정해진 곳으로 기사를 송고하는 소프트웨어 로봇도 이미 온라인 뉴스의 한자리를 차지하고 있다.

그렇다면 인공지능에 의해서 인간이 지배당하는 날이 올까?

분명하게 말할 수는 없지만 '지배당하는 날이 올 리는 없다'고 말하는 것은 너무 낙관적인 생각인 것 같다. 이보다 분명하게 말할 수 있는 점이 있다. 대부분의 인간들은 '지배당하는 날이 오더라도, 지배당하고 있는지 모르고 살아갈 것'이다. 책에 의존하면 머리가 나빠진다고 주장했던 소크라테스의 시대부터 인간의 생각은 주위 인공물에 의해서 근본적인 영향을 받아왔다. 파피루스, 종이에 새긴 문자 텍스트가 등장하기 전까지 사람들은 '생각은 나, 그리고 나와 커뮤니케이션하는 상대방에게만 존재하기 때문에' 대화를 통해서 생각을 공유하며 진전시켜 나아가야 한다고 믿었다. 그런데 생각을 외부의 인공물에 저장해둘 수 있고, 그렇게 저장해둔 생각이 결국 기준이 될 것이라는 믿음이 등장한 것은 파피루스, 종이에 새긴 문자 텍스트의 영향이라고 할 수 있다. 구텐베르크 이후 등장한 종이책은 수많은 사람이 '선형적으로 사고하도록' 만들었을 가능성이 있고, 텔레비전은 시청자를 바보로 만들었을 가능성이 있으며, 스마트폰은 실제로 인간의 뇌를 변화시키는 것으로 확인되었다.

이처럼 사람이 꾸준히 관계 맺으며 함께 살아온 인공물은 사용자의 생각(하는 방법)을 변화시키고 그 변화의 과정에 파트너로 참여해왔다. 그러면서 변화의 원인 중에 바로 그 인공물이 있다는 사실을 사람의 생각에서 지운다. 인공지능 역시 그런 식으로 우리의 삶에 들어올 것이다. 이미 부분적으로 우리의 삶에 들어와 있다. 누구의 어떤 소식을 보여줄지 선택하는 페이스북의 알고리즘이 우리의 인간관계를 조정하고 있지만, 페이스북이 그런 역할을 하고 있다는 사실에 대해 사용자는 별다른 관심이 없다.

인공지능의 발달은 멈추지 않을 것이고, 결국 우리는 인공지능과 살아가게 될 것이며, 인공지능이 꾸준히 발달해 어느 순간에는 우리 인간의 능력을 뛰어넘은 뒤, 우리를 지배할지도 모른다.

질문을 조금 더 현재로 가져와보자.

인공지능이 만들어낸 가치를 누리며 인간은 지금보다 더 행복하게 살아가게 될까?

아마도 그럴 것이다. 하지만 현재 존재하는 사회적 불평등을 인공지능이 개선해주지는 않을 것이다. 오히려 현재의 불평등이 더욱 심화되고 확대될 가능성이 크다. 3천만원 대에서 판매되는 자율주행 기능을 갖춘 전기자동차는 현재의 희뿌연 하늘의 대기오염을 크게 낮춰 많은 사람들이 더 행복하게 살아갈 수 있도록 환경을 개선하겠지만, 택시 운전기사와 장거리 트럭 운전기사는 실직할 것이다. 현재의 사회구조가 변하지 않고 지속된다면, 자율주행자동차로 인해 발생한 추가 '수익'이 실직한 운수노동자의 재고용을 지원하는 방향으로 쓰이지는 않을 것이다. 예를 들어 고속도로 하이패스의 사용 증가로 발생한 수익 즉, 비용의 감소로 인해 발생한 수익이 고속도로에서 요금을 받던 직원들의 고용 확대와 복지 향상을 위해서 사용되고 있는지를 생각해보면 알 수 있다. 로봇은 일을 하고 인간은 문화 생활을 누리는 삶은 제한된 계층에서만 가능할 것이다. 지금의 사회 시스템이 변화하지 않는다면 말이다.

다음 세대를 지금처럼 가르치면, 그들은 인공지능 시대에 행복하게 살아갈 수 있을까?

이 질문에는 또렷하게 답변하기 어렵다. 이 질문에 답하기 위해서는 먼저 답해야 할 질문이 있다. "기술의 변화를 예측할 수 있을까? 새롭게 나타나는 기술이 향후 세계에 어떤 영향을 미칠지 사전에 예측할 수 있을까?" 그럴 수는 없다. 모든 기술과 도구는 사용하는 과정에서 변화하기 때문에 초기 의도 또는 초기의 예상과 같은 방향으로 기술이 발달해 갈 것이라고 보장할 수 없다.

"그렇다면 다음 세대에게 무엇을 가르쳐야 할까?" 지금 우리는 이 곤란한 질문을 마주하고 있다.

"인공지능이 모두 다 알려줄 텐데 종이교과서는 왜 읽고, 쓸데 없이 영어단어는 왜 외우느냐?!"라는 주장도 나름 설득력이 있다. "앞으로 인공지능뿐이겠는가, 기술의 발달이 변화무쌍하여 그 변화를 예측하기가 힘들다면, (예를 들어, 종이에 새긴 문자 텍스트라는 기술에 적응하기 위해 종이 교과서를 읽히는 프로그램을 운영해 온 것처럼) 미래에 사용하게 될 기술을 사전에 연습하는 훈련프로그램을 개발하여 운영하는 것은 불가능하다. 그러니까 개발이 필요한 부분은 '기본 능력'이다." 라는 주장 역시 반박하기 어렵다. 그들은 '문제 해결 능력', '문제 발견 능력', '창의적 사고 능력'과 같은 단어를 사용하며 미래 세대의 '기본능력' 확보를 강조한다.

교육에 대한 기술의 영향은 예측하기 어렵다. 그에 대한 몇 가지 증거를 살펴보자. 예를 들어, 많은 사람이 인터넷의 등장이 학교 시스템을 본질적으로 변화시킬 것이라고 예측했으나, 20세기 말의 학교와 21세기에 들어 17년이나 지난 현재의 학교는 그다지 달라지지 않았으며, 앞으로도 한동안 크게 변하지 않을 것 같아 보인다. 지금으로부터 10년 전에 등장한, 스마트폰과 스마트패드에서 실행되는 eBook은 종이 교과서를 대체한 뒤, 자라는 세대에게 지금까지와는 질적으로 전혀 다른 학습 경험을 제공할 것이라고 예측했으나, 2011년 발표된 디지털 교과서 정책은 거의 사멸했다.

얼마 전부터 등장하고 있는 스키 고글 모양의 가상현실, 증강현실 장비가 앞으로의 교육 컨텐츠와 서비스를 질적으로 바꿀 가능성이 있다고 강조하고 있다. 그러나 현재의 학교 시스템이 이를 어떻게 받아들일지는 조심스럽지만, 예측해볼 수 있다. 크게 바뀌는 것 없이 종이 교과서가 한동안 계속 교과서의 지위를 유지할 것이다.

현재의 방법을 유지하기만 하는 것도 부적절하고, 새롭게 등장할 기술에 익숙해지도록 훈련시키는 것도 적절하지 않다. 그래도 우리는 새로운 방법을 고안하고, 다음 세대에게 제공할 학습 경험을 결정해야 한다.

이 책은 다음 세대에게 필요한 핵심 능력을 '도구를 상호작용적으로 사용하는 방법'이라고 전제하고 있다. '도구를 상호작용적으로 사용하는 방법'으로 나아가기 전에(다음 장에서 살펴볼 것이다) 상황을 단순하게 만들기 위한 질문을 몇 가지 더 해보자.

스마트한 도구를 사용하면, 사용자도 조금 더 스마트해질까?

아마도 그럴 것이다. 하지만 엄밀하게 답하려면 성인과 비非성인을 구분해야 한다. 성인에게는 당연히 그럴 것이다. 하지만 비성인, 즉 아이 세대에 대해서는 당연히 그럴 것이라고 말할 수 없다. 예를 들어 종이와 연필 대신 전자계산기를 사용하면 조금 더 스마트해질 수 있을까? 이번 달의 수익을 계산해야 하는 성인의 경우에는 당연히 전자계산기를 사용하면 조금 더 스마트해질 것이다. 그러나 초등학교 저학년 학생을 대상으로 같은 질문을 할 경우에는, '글쎄…'라는 반응을 완전히 무시할 수 없다. 아이들에게는 전자계산기를 다루는 능력뿐만 아니라, 수학적 기호 또는 수와 양에 관련된 개념(이것도 도구이다)을 다루는 능력 역시 키워야 하는 핵심적인 능력이기 때문이다.

그렇다면 초등학생 아이들에게 인공지능과 생활하는 경험을 제공해야 할까? 그런 경험이 아이들의 인지 발달을 방해하지 않을까?

이 책은 (앞으로 적절한 연령대가 정해져야 하겠지만) 다음 세대에게 는, 가능한 한 이른 시기에 인공지능을 경험하도록 해야 한다는 입장에서 기술되었다. 이유는, 인공지능과 관련된 다양한 사회적 문제 풀이 과정에 다음 세대를 참여시켜야 하기 때문이다. 이렇게 판단한 이유는 다음 질문과 관련되어 있다.

'우리는 다음 세대의 행복을 우선적인 기준으로 판단할 수 있을까?' 지금까지의 모습을 보건대 그럴 것이라는 믿음을 갖기 어렵다. 기후변화에 대응하는 우리 세대의 모습을 보면 다음 세대의 삶과 행복보다는 현재 세대의 삶과 풍요를 우선시하며 판단하고 의사결정하는 것에 훨씬 익숙하다는 사실을 확인할 수 있다. 인공지능은 우리 세대의 문제라기보다는 다음 세대의 문제라고 할 수 있다. 우리 세대가 만들어 놓은 인공지능이 다음 세대의 삶을 질적으로 바꾸어 놓을 것이다. 사회적 삶을 살기 위해 필요한 직업들이 송두리째 달라질 것이고, 인간과 인공물의 경계가 지금과는 다를 것이며, 인간보다 뛰어난 존재를 탄생시킨 결과 다음 세대는 (정신을 준비된 다른 육체로 이동시키며 영생을 하는 등) 신의 지위에 오르거나, 노예의 지위로 내려갈 것이다.

그래서 인공지능과 관련된 문제 풀이에 다음 세대를 가능한 한 일찍 참여시켜 스스로 생각하고 판단할 수 있는 권리를 주자는 것이다. 10대에 인공지능을 다루는 정치적인 생활을 시작하고, 20대에 정치인이 되고, 30대에 정치적인 의사결정의 책임자가 되는 모습을 상상해보자는 것이다.

인공지능의 발달로 인간과 인공물의 경계는 점점 더 불분명해질 것이다. 심장의 정상 동작을 돕기 위한 인공물을 몸속에 이식하고 그 인공물의 동작 상태를 손목시계 등 외부의 장치를 이용해 모니터링 하는 인간은 이식된 장비의 해킹을 우려해야 했다. 그러나 앞으로는 이식된 장비의 관리를 인공지능에게 맡길 것이다. 서버에서 전송되는 디지털 데이터를 망막에 투사하는 장치를 이식한 미래의 인간은 '왜 이 데이터가 나에게 보이는지' 의심하지 못한 채, 인공지능이 제공하는 데이터를 보게 될 가능성이 있다. 보고 듣는 데이터가 외부의 인지시스템에 의해서 조작될 수 있다면 인간의 인지시스템과 인공의 인지시스템의 경계를 분명하게 구분하는 것은 불가능하다.

인공지능의 발달에 대응하기 위해서, 인공물을 적극적으로
활용해서라도 인간을 강화해야 하지 않을까?

그렇게 해야 한다고 생각한다. 인간의 인지 능력을 강화하는 것은 본래 교육의 영역이다. 아이가 태어나 어른이 되는 과정 내내 벌어지는 일이 인지 능력 강화이다. 말과 글, 논리와 수식, 그리고 이론과 개념을 배워 세계를 이해하는 능력을 키우고, 생각을 정교하게 다듬고 표현하는 능력을 강화하는 과정 자체가 인지 능력 강화의 과정이다. 이 과정을 보다 효율적으로 수행하기 위해 수많은 기술(매체,

방법, 체제)들이 고안되었다.

그런데도 새삼스럽게 '인지 능력 강화 기술'을 말해야 하는 이유는 무엇일까? 인지 과정에 직접 작용하는 기술의 등장 때문이다. 사실 인간이 사용하는 모든 기술은 인간의 정신세계에 영향을 미친다. 텔레비전이 수동적인 인간을 만들고 종이책이 선형적으로 생각하는 사람을 만들 듯이 말이다. 이들의 작용은 전면에 드러나기보다는 백그라운드에서 작동하며 우리가 눈치채지 못하는 사이에 작용한다. 하지만 근래 등장하고 있는 새로운 기술들은 명시적으로 인지과정에 작용하는 것을 목적으로 개발된다. 더 나아가 인간의 인지시스템 밖에 인공의 인지시스템을 만들기도 한다. 알파고와 IBM 왓슨처럼 말이다.

스마트한 도구를 사용하면
우리도 더 스마트해질까

　　우리의 아이들이 사회생활을 시작하게 될 10년 뒤의 세계를 상상
해보자.

　　화물 트럭을 시작으로 실제 세계에 적용되기 시작한 '자율주행
자동차'는 광범위하게 확산되어 있을 것이다. 우리 아이들은 지금
의 운전면허와는 좀 다른 종류의 자격증을 가지게 될 가능성이 크
다. 손과 발을 이용해 '운전이 가능한 사람'이라고 인증해주는 현재
의 면허 시스템과는 좀 다른 시스템을 통해 '운전이 가능한 사람'이
라는 인증을 받을 것이다. 혹은 운전면허와 같은 인증 시스템이 사
라질지도 모른다. 우리 아이들은 자동차와 대화하며 원하는 목적지
로 이동할 가능성이 크다. 길을 외울 필요가 없어지기 때문에 지금
과는 다른 방식으로 지리와 지도, 지역에 대한 정보를 관리하게 될
것이다. 어떤 곳을 거쳐 가는지는 무시되고 단지 목적지와 얼마나

89

떨어져 있는지, 얼마의 시간이 지난 뒤에 도착하는지 만이 중요해질 것이다. 자동차 정비의 중요한 부분은 소프트웨어 엔지니어나 인공지능이 담당하게 될 것이다. 인간이 직접 운전하는 자동차는 전체 교통흐름을 방해하고, 다른 자동차의 안전을 위협한다는 이유로 고속도로 통행이 금지될 것이다.

물건을 구매하는 방법도 달라질 가능성이 크다. 인공지능 에이전트가 전 세계의 상품을 대상으로 최저가 검색을 하고 직접 결제할 것이다. 인공지능 에이전트는 냉장고와 통신하며 정보를 공유하여 '우유가 언제쯤 떨어질지를 예측'할 것이고, 주말 식사를 위해서 필요한 재료를 예측해서 직접 주문할 것이다. 주문한 물건이 택배로 도착하면 택배 로봇과 통신하거나, 현관문 앞에서 택배 상자를 인공지능 에이전트가 인식한 뒤 현관문 또는 '택배 박스'를 열어줄 것이다. 예를 들어, IBM의 왓슨을 기반으로 개발되는 인공지능 쇼핑 에이전트는 아마존Amazon.com 등의 쇼핑몰 시스템(쇼핑몰, 택배 드론 등)과 직접 통신하기 때문에 이 과정에서 인간의 역할은 필요 없어질 것이다.

통역시스템을 이용하게 될 미래의 우리 아이들은 전 세계의 사람들과 각자의 모국어로 일상적인 대화를 나눌 수 있게 되어, 영어 단어를 외우지 않아도 될 것이다. 가상현실 또는 증강현실 장비를 이용해 실제보다 더 실제 같은 측정 데이터를 이용해 건축물을 설계하고, 내부 인테리어를 디자인하고, 제품을 설계하고, 디지털에 의해 강화된 현실을 개발할 것이다. 종이 위에 연필로 설계도를 그리는 등의 활동은 안전한 구조물을 설계할 수 없다는 이유로 배제될 것이다.

종이책을 읽게 되더라도, 읽은 내용은 모두 스마트 안경을 통해 클라우드 서버에 저장되고, 실시간으로 검색할 수 있으며, 능동적으로Proactive 우리에게 정보를 제공해줄 것이다. "개정판에서 저자가 사례를 바꾸었습니다. 확인하시겠습니까?" 이렇게 모든 것을 저장하고 능동적으로 메시지를 제공하는 스마트 안경 덕분에 우리의 독서 방법이 바뀔 것이다. 우리는 텍스트와 '좀 떨어져서' 큰 그림을 읽고, 스마트 안경과 인공지능은 '가깝게 다가가서' 행간을 읽을 것이다.

몸에 부착된 '어떤 것'은 건강 상태를 모니터링하고, 동료와 지인들과 의사소통하고, 결제하고, 인증할 뿐만 아니라 우리에게 필요한 정보는 그 무엇이라도 즉각적으로 안경에 투사하거나 뇌전도 방식으로 들려주거나, 심지어는 망막에 투사하는 방법으로 우리에게 알려줄 것이다.

결국, 공부를 한다는 것의 의미가 바뀔 것이다.

미래를 살게 될 지금의 초등학생 아이들은 (우리 인류가 파국을 경험하지 않는다면) 그들이 성인이 된 뒤 인공지능, 생각하는 사물들과 함께 살아갈 것이다. 그(것)들과 함께 살아가야 하는 우리의 아이들에게, 그들이 아직 아이들일 때인 지금, 우리는 무엇을 제공해야 할까?

앞의 질문을 다시 떠올려보자. 가상현실·증강현실을 경험시켜줄 스마트 안경, 독서한 책의 모든 내용을 저장하고 실시간으로 검색해

줄 가능성이 있는 스마트 안경의 사용을 초등학생에게 허용해야 할까? '필요한 능력의 획득과 성장에 도움이 된다면 허용할 수 있으나 그렇지 않다면 허용해서는 안된다'는 관점에서 이 질문에 대한 답을 찾아보자. 무엇보다 스마트 안경의 사용이 아이들의 미래를 위해서 도움이 되는 일인지, 즉 아이들에게 필요한 능력의 획득에 도움이 되는 일인지에 대해서 판단해야 한다.

'스마트 안경을 사용하면 생물학적 뇌의 일부 능력 발달은 방해를 받겠지만, 함께 살아가야 할, 보다 적극적으로 표현하면 협업해야 할 기술에 적응하고 그(것)들을 관리하는 능력을 키워줄 수 있다는 점에서 아이들에게 도움이 되는 일이다'라는 가정에 대해 생각해보자. 여기에는 아이들이 획득해야 하고 성장시켜야 하는 능력은 그(것)들을 사용하는 능력을 넘어, '그(것)들과 함께 살아가는 능력'이라는 전제가 포함되어 있다.

종이책이 '사용'하는 사물이라면 스마트 안경은 착용자와 '상호작용'하는 사물이다. 종이책이 이용의 대상이라면 스마트 안경은 협업의 대상이다. 마이크로소프트의 홀로렌즈HoloLens와 (2017년 현재 아직 제품이 발표되지 않았지만) 매직리프Magic Leap처럼 우리의 오감을 압도하는 증강현실·가상현실 안경을 배제한 뒤 생각해보자. 읽고 보고 듣는 모든 것을 저장하는, 인지활동의 보조적인 도구로 작용할' 스마트 안경을 착용하게 되면 우리는 어떤 능력을 잃고, 어떤 능력을 얻게 될까? 읽거나 보거나, 대화에서 주고받은 정보를 암기할 필요가 없어짐에 따라 보다 고차원적인 사고에 집중할 수 있게 될까? 야생의 뇌와는 비교도 되지 않을 만큼 많은 양의 데이터를 저장하고, 굉장한 속도로 연산할 수 있게 되면서 지금은 상상도 하지 못할 만큼의 지적 성취를 이루게 될까? 커뮤니케이션 과정에서 발생하는 오류를 줄여 인류적인 수준에서 지적 노동을 공유하게 되고, 그에 따라 인류가 새로운 수준으로 진화하게 될까? 필요한 정보를 모두 외부 인공물에 저장한 뒤 인류는 빈껍데기가 되어 일상적인 소외를 경험하게 될까? 어떤 정보는 안경이 저장하고 어떤 정보는 내가 저장하는, 역할 구분과 협력 노하우 획득에 성공하여 여전히 인간 중심으로 세계를 유지하게 될까?

대부분의 경우에 스마트한 도구를 사용하면 우리는 조금 더 스마트해 질 것이다. 우리는 스마트폰 덕분에 더 이상 전화번호를 외울 필요가 없게 되었다. 조각조각의 정보들을 스마트폰이 대신 기억해줌에 따라, 우리는 분명 지적 활동을 위해 사용할 인지시스템 자원에 여유가 생겼을 테고, 앞으로 더 많은 여유를 확보하게 될 것은 자명하다.

지금으로부터 그리 머지않은 미래에,

외국 출장을 마치고 귀국하기 위해서 공항으로 출발하며

"둘째 아이가 좋아할 만한 선물을 살 수 있는 곳을 경유해서 공항까지 가는 길을 알려줘."라고 스마트폰에게 말하면,

스마트폰은 '둘째 아이가 좋아할 만한 선물의 리스트를 정리하고,

그 선물들을 살 수 있는 곳을 확인한 뒤' 최적의 경로를 계산해줄 수 있을 것이다.

우리는 인공의 인지시스템의 도움으로, 인지활동을 위한 자원을 효율적이고 스마트하게 사용할 수 있게 될 것이다. 머지않은 미래에 말이다. 물론 이 과정에서 무엇을 잃게 될 것인지에 대해서 치밀하게 살펴볼 필요가 있겠지만.

필요한 정보를 수월하게 언제 어디서나 확보할 수 있으니 매순간 보다 적절한 의사결정을 할 가능성도 높아졌다. 언제 어디서나 일을 처리할 수 있게 되었고, 동시에 여러 가지 일을 진행하기도 쉬워졌다.

스마트폰과 함께한 뒤 우리가 조금 더 스마트해진 것은 분명하다. 개체 단위의 인간뿐 아니라 집단 단위의 우리 역시 조금 더 스마트해졌다. 실시간으로 통신하며 집단 안에서 정보를 공유할 때 발생하는 오류를 줄일 수 있으며, 원격지에 떨어져 있더라도 보다 상황에 충실한 의사결정이 가능해졌다. 앞으로 스마트폰이 더 스마트해지면 우리도 더 스마트해질 것 역시 자명해 보인다. 앞으로 (우리를 지배할지, 우리를 단지 거들기만 할지 분명하지 않은) 인공지능까지 가세할 예정이니 결국, 인류는 기술의 도움으로 진화의 다음 단계에 도달할 수 있을 것이다.

얼마나 대단한 기술이 언제쯤 나타날지도 중요한 문제이다. 운전자 없이 거리를 활보할 자동차가 등장하고 있으니 우리의 아이들 옆에서 나란히 걸으며 대화하고, 같은 공간에서 일을 하는 인공지능 역시 머지않은 미래에 등장할 것이다.

스마트한 단말기와 인터넷 기술 덕분에, 우리는 더 이상 정보를 기억하려고 애쓰지 않는다. 이곳 저곳에 스크랩을 하고 메모를 해두어 검색의 대상이 될 수 있도록 저장해 둘 뿐이다. 페이스북의 타임라인에 '나만 보기'의 옵션으로 저장해두기도 하고, 블로그에 적어두기도 하고, 에버노트 등의 도구를 이용하기도 한다. 강의를 위해서 학생들에게 제공할 긴 글은 '퀸Quip'에 미리 작성하여 올려두고, 프로그래머와의 공동작업은 '깃허브Github'의 이슈로 올려 둔다. 이것저것 귀찮으면 스마트폰 메모장 같은 곳에 적어두기도 한다.

실시간으로 교통상황을 분석하여 새로운 경로를 안내해주는 웨이즈 등의 스마트폰 내비게이션 애플리케이션 덕분에 우리는 더 이상 지도를 들여다보며 가장 적절한 길이 어디일지 궁리하지 않게 되었다. 앱이 알아서 길을 알려주는 덕분에 확보한 여분의 인지 자원으로 우리는 다른 생각을 할 수 있게 되었다. 가끔 중앙분리대가 가로막고 있는 길에서 유턴하라고 안내하거나, 아직 건설되지 않은 고속도로에 들어서라는 안내를 받기도 하지만, 우리를 위해서 생각해주는 앱은 (버그가 없는 소프트웨어는 존재할 수 없는 법이라고 생각하고 넘어가 줄만큼) 고마운 존재다.

우리를 위해 (최적의 경로를) 생각해주는 내비게이션을 믿고 의존하겠다는 결정을 한 뒤부터는 주위환경이나 지도 정보는 더 이상 우리 인지시스템의 자원을 투자할 대상이 되지 않는다. 앱에 의존하게 되면서 운전 중에 집중하는 대상이 바뀐다. 옆자리에 앉은 동행과의 대화에 더 집중하게 되고, 씨름하고 있는 문제 풀이나 써야 할 글의 맥락과 흐름을 생각하고, 강의를 어떤 순서로 진행할지 등에 더 집중하게 된다. 왼쪽으로 가야 할지 오른쪽으로 가야 할지는 앱이 알려줄 테니 신경을 끄고 말이다. 외부의 환경은 보고 있더라도 보고 있는 것이 아니게 된다. 같은 길을 다시 달리게 되더라도, 언젠가 한 번 왔던 길이라는 사실조차 기억나지 않는다.

한 번 갔던 길은 모두 외워버리던 지난 시절과는
완전히 다른 삶이 펼쳐진다.
동서남북 방향에 대한 감각도 무뎌진다.
이런 것도 중독일까?

스마트폰을 사용하고, 스마트하게 길을 알려주는 앱을 사용한 뒤부터 연락처를 외우거나, 길을 외우지 않는다. 간단한 정보들을 암기하는 기능을 사용하지 않게 되면서, 즉 뇌의 특정 기능을 더 적게 사용하면서 우리가 잃어버리는 게 있지는 않을까? 치매 환자가 늘어난다고 하는데 혹시 이런 이유 때문은 아닐까? 심증은 가지만 물증이 없으니 우리는 크게 신경 쓰지 않는다. 운전할 경로를 생각해내는 능력이나 전화번호를 외우는 능력이 감퇴하더라도 상관없다. 우리를 위해 생각해주는 스마트폰이 그 지점을 채워주고 있다.

이제 질문을 옮겨보자. 스마트한 도구를 사용하면 어린아이들도 조금 더 스마트해질까? 어른들의 지적 활동에는 (의심의 여지없이) 도움이 되는 것으로 보이는 스마트폰과 인터넷이 아이들의 인지 능력 (예를 들어, 높은 수준의 인지 능력을 확보하기 위해서 반드시 확보해야 하는 암기 능력 등)의 성장을 방해하는 건 아닐까?

스마트폰과 인터넷에 적응한 초등학생들이 '검색하면 다 나오는데 왜 암기해야 하나요?'라고 묻기 시작한다. 궁금한 것은 검색엔진을 이용해 찾아보고 머릿속에 기억해두려 하지 않는 초등학생은 적절한 교육을 받고 있는 것일까? 만약, '암기하는 능력부터 시작해서 차근차근 쌓아올려야 더 수준 높은 지적 활동을 할 수 있게 된다' 혹은 '패턴화시켜 유사한 문제를 빠르게 풀어낼 수 있도록 자동화된 인지 능력과 암기되어 있는 정보를 활용한 지적 활동이 가장 훌륭한 결과를 가져온다'라면, 암기하는 능력을 사용하여 지적 능력을 키워야 하는 단계일 수도 있는 초등학생들(중학생, 고등학생, 혹은 대학생)에게 스마트폰은 부정적인 존재일까?

'교육'에 대해서 우리가 공유하는 중요한 상식 중 하나는 '인간은 태어난 뒤 나이를 먹어가면서 능력이 자라난다'는 관점이다. 그리고 능력을 충분히 키우기 위해서는 어릴 때 준비를 열심히 해야 한다는 관점이다. 예를 들어 초등학교 2학년 때 구구단을 '암기'시키는 이유는 그래야만 더 어려운 수의 체계를 다룰 수 있다고 믿기 때문이다. 다음 단계의 지적 능력을 확보하기 위해서는 기본적으로 필요한 것을 암기하고 있어야 한다는 관점이다.

구구단, 영어 단어, 한자 등이 대표적인 예가 될 수 있다. 이들을 암기하지 않고 다음 단계로 나아갈 수 있을까? 더 높은 수준의 인지 능력으로 나아가기 위해서, 더 어려운 지식의 세계를 배우기 위해서 암기 능력은 강조되어야 하는 것이 아닐까?

국내에서는 흔히 '인문학'이라는 이름으로 다루는 '교양'의 영역에서도 암기가 중요한 순간이 있다. 예를 들어, 전기가 흐르면 자기장이 생기고 자기장이 형성되면 전기가 흐른다는 사실을 기억하지 못하는 교육학 전문가는 '교실내 전자파가 불안하다면 자주 환기시켜주세요'라는 식의 정책 대안을 제안한다.(실제로 경험한 일이다) 또 다른 예도 있다.

교실 내 공기의 질을 개선하기 위한 시스템과 정책 개발에 몰두하고 있던 필자는 2010년경에 서울에 있는 유명 사립대학의 교육학과 전공과목 수업에서 학생들에게 이렇게 질문했다. '지금 교실이 밀폐되었다고 가정하고 우리가 계속 수업을 한다면, 교실 내 공기중 산소는 늘어날까요? 줄어들까요?' 놀랍게도 수강생 중 약 절반 가량이 '늘어날 것 같다'고 답변했다. 호흡을 하면 산소를 소비하고 이산화탄소를 생산한다는 사실조차 기억하지 못하고 있어서 생긴 일이다. 그 이후 교육정책 개발 회의에 가면 (회의에 들어온 다양한 영역의 전문가들은 당연히 알고 있는 교양이라고 생각했던 내용인) 이산화탄소와 산소, 산소가 우리의 몸에서 하는 역할을 차근차근 설명하고 교육정책 개발에 반영해 줄 것을 요청했다.

초등학생이 (그리고 중학생, 고등학생이) 암기하는 기능을 적게 사용하면 어떤 일이 생길까? 우리나라의 초중고등학교 상황을 생각해보면 당연히 시험 성적이 떨어질 것이다. 그렇다면 암기해야 풀 수 있는 문제를 줄이는 방향으로 시험을 바꾸어야 할까? 그렇게 해서는 안될 것이다. 암기는 조금 더 어려운 내용을 이해하기 위해서 필요할 뿐만 아니라, 더 높은 수준의 인지 능력으로 나아가기 위해서도 필요한 가장 기본적인 인지 능력이다. 그리고 한 사회를 살아가는 데 꼭 필요한 기본 소양(태도, 지식 등)을 확보하기 위해서도 필요한 기본적인 인지 능력이다.

안경이 생각하게 되면,
우리는 무엇을 생각해야 할까

안경이 생각하게 된다면, 우리는 그 '생각하는 안경'에 대해서 생각해야 한다.

안경은 우리에게 전달되는 시각 정보에 영향을 주는 사물이다. 안경 착용자는 모든 시각 정보를 안경을 통해 전달받지만, 안경에 적응한 뒤에는 안경의 효과에 대해서 잊어버리고 살아간다. 대부분의 안경 착용자는 잠을 자는 시간을 빼면 항상 안경을 착용하고 살아간다. 안경은 안경을 쓰고 세수를 할 때와 같은 경우에나 자각하게 되는, 우리 인식의 대상 밖으로 종종 사라지는 오래된 파트너이다. 이들에게 안경 없이 살아간다는 것은 상상도 할 수 없는 일이다.

이런 안경이 인지 능력을 가지게 된다면 어떤 일이 생길까?

이 문제를 풀기 전에, 인간의 시각 데이터 처리 능력을 강화하려는 시도부터 살펴보자. 인간의 시각 데이터 처리 능력을 강화하기 위해 크게 두 방향에서의 접근이 이루어지고 있다. 첫째는 인간의 신체에 직접 개입하여 시각 데이터를 조작하려는 방향이다. 망막에 직접 영상 정보를 제공하려는 시도가 그런 예이다. 망막은 눈의 수정체를 통해서 들어온 시각 정보가 처음으로 기록되는 곳이다. 망막에 도착한 시각 데이터(빛)는 신경망을 통해 뇌에 전달되는데, 이 때 우리는 '본다'라고 자각하게 된다. 이 망막에 인공적으로 시각 정보를 제공하려는 시도가 진행되고 있다.

심지어 뇌에 직접 시각 정보를 제공하려는 시도도 진행되고 있다. 미 국방부 산하 국방고등연구원DARPA에서는 뇌의 시각피질Visual Cortex에 시각 데이터를 직접 제공할 수 있는 입력 인터페이스를 개발하고 있다고 한다.[2] 2015년 초에 공개된 프로젝트 이름은 '대뇌피질 모뎀Cortical Modem'이다. 직접 신경 조직에 데이터를 전송할 수 있는 물리적인 장치 DNI(Direct Neural Interface) 칩을, 1센트 동전 두개를 쌓은 정도의 크기에, 10달러 수준으로 개발하는 것을 목표로 연구가 진행되고 있다고 한다. 만약 우리가 뇌에 시각 데이터를 직접 제공하는 입력 장치를 이용하게 되면, 눈을 감고 있어도 보일 것이다.

인간의 시각 데이터 처리 능력을 강화하는 두 번째 방향은 눈에 도착하는 시각 정보를 외부 저장매체로 옮겨 담으려는 노력이다. 이 접근은 외부 저장 매체로 옮긴 데이터를 다시 인간의 뇌에 옮겨 넣으려는 시도를 포함한다. 커즈와일은 〈특이점이 온다〉에서 2030년까지는 뇌를 업로드할 수 있을 것이라고 전망하였다. '2045 이니셔티브$_{2045\ Initiative}$ ^{3}'의 설립자인 드미트리 이츠코프$_{Dmitry\ Itskov}$는 '2045 이니셔티브$_{2045\ Initiative}$의 설립 목적은 개인의 인격을 비생물학적인 매체로 이동시켜 영생을 가능하게 하는 것'이라고 강조하고 있다.

2013년 9월 케임브리지 영화 축제$_{Cambridge\ Film\ Festival}$에서 인간의 사후 정신의 존재에 대한 질문을 받은 스티븐 호킹 박사는 이렇게 답했다. "컴퓨터의 소프트웨어처럼 정신은 뇌에 담긴 프로그램이라고 생각할 수 있다. 이론적으로는 뇌를 복사하여 컴퓨터에 옮겨 저장해두는 것이 가능하다. 이런 방법이 사후의 삶의 형태가 될 수도 있을 것이라고 생각한다."^{4} 뉴요커에 정기적으로 칼럼을 쓰는 콜럼비아 법학대학원의 팀 우$_{Tim\ Wu}$ 교수도 '영원히 사는 법$_{How\ to\ Live}$ $_{Forever}$'^{5}이라는 제목의 글에서, 인간의 정신을 디지털 형식으로 변환하여 외부 저장 매체에 저장하는 방법으로 인간이 영원히 살 수 있을 것이라고 전망하였다.^{6}

좀 더 현실적이면서 구체적인 사례를 살펴보자. 눈에 도착하는 즉, 안경에 도착하는 시각 정보를 외부 저장 매체에 기록하려는 접근이다. 구글 글래스에서부터 시작해보자. 구글 글래스는 시각 정보를 처리하는 사물(안경)을 인터넷에 연결하여 현실 세계의 경험을 디지털 방식으로 강화하려는 노력의 상징과도 같은 존재였다. 하지만 실제로 2014년에 일반인에게도 판매된 구글 글래스는 누가 봐도 뻔히 알 수 있는 '구글 글래스'였다. 즉, 추가적인 정보를 전해주는 기능을 가진 안경을 착용하고 있다는 사실을 맞은 편에 있는 사람이 쉽게 알 수 있는 모양새였다.

구글은 2015년 1월 19일, 다음 세대의 제품이 개발될 때까지 현재의 구글 글래스 생산을 중단한다고 발표했다. '너무 비싸다'거나 '아름답게 생기지 않았다'거나, '착용하면 바보처럼 보인다' 등의 의견과 함께 가장 많이 제기된 문제는 '프라이버시'였다. 생각해 보면, 보이는 모든 영상을 녹화할 수 있고, 앞에 보이는 것이 무엇인지 알려줄 수 있으며, 누구인지 확인할 수 있는 구글 글래스를 착용한 사람과 마주앉아서 대화한다는 건 끔찍한 경험이 될 것이다. 길을 걸어가는 도중 맞은편에서 구글 글래스를 착용한 사람이 걸어올 때마다 '나를 녹화하고 있지 않을까, 내 허락도 없이 나에 대한 정보를 저 사람에게 제공하고 있는 게 아닐까' 따위의 불안감에 사로잡힐 수 있기 때문이다.

우리가 구글 글래스와 같은 인터넷에 연결된 착용형 카메라에게 기대했던 마법은 '처음 만났지만, 앞에 서 있는 사람이 누구인지 알려주는 것'이었다. 인터넷에 연결된 착용형 카메라가 마주 앉은 사람의 얼굴을 인식한 뒤, 인터넷을 검색하여 같은 얼굴을 찾아내어 알려주는 것이다. 앞에 있는 사람의 이름은 홍길동이라고. 이렇게 착용자가 실수하지 않도록 해서 사회적 관계의 강화를 도울 것이다.

만약 안경들끼리 데이터를 공유하게 된다면 더 놀라운 마법이 벌어질 것이다. 강원도 동해안 하조대에서 보는 압도적으로 넓은 하늘과 바다의 모습을 어떻게 말로 설명할까 고민하며 끙끙거릴 필요가 없어질 것이다. 내가 본 영상을 상대에게 그대로 전해줄 수 있을 테니 말이다.

디지털 방식으로 현실 세계의 경험을 강화할 수 있는 안경이 앞으로 어떻게 발달해 갈지는 쉽게 상상할 수 있다. 일단 맞은 편에 있는 사람이 알아챌 수 없는 모양새를 가질 것이다. 렌즈는 바늘만큼 작은 구멍 속으로 숨을 것이고, 영상 표시 장치는 자연스럽게 안경렌즈와 통합되거나 아니면 망막에 직접 투사할지도 모른다. 데이터를 인터넷으로 전송하는 통신 모듈과 베터리는 안경의 본체 속으로 숨어버리고, 음성을 고막을 거치지 않고 뼈에 진동을 전달해 듣게 하는 골전도 모듈은 머리에 맞닿는 안경다리에 통합되는 등 거추장스러운 부속품들이 사라질 것이다. 결국 누가 그런 안경을 쓰고 있는지 확인하기 어려워질 것이다.

맞은 편에 있는 사람이 인식할 수 없을 정도로 평범해진, 현실 세계의 경험을 강화하는 '생각하는 안경'을 착용하고 있는 상황을 상상해보자. 안경은 나의 시선에 들어오는 모든 정보를 영상 데이터로 녹화한다. 아침에 일어나서 안경을 쓸 때부터 무조건 녹화를 시작한다면 불필요한 데이터가 쌓일 테니 중요한 순간만 녹화하도록 설정해 둔다. 예를 들어, 안경 다리를 두 번 두드리면 녹화가 시작된다거나, 특정 위치에 도달하거나 누군가를 만나면 녹화를 시작하도록 설정하는 식이다.

인터넷에 연결된 안경은 길을 걷는 동안 우리에게 쉼 없이 정보를 제안할 것이다. 왼쪽 전방 30미터 앞에 있는 가게에서 내 취향을 고려해볼 때 70% 수준의 만족도가 예상되는 넥타이를 세일하고 있다거나, 목적지에 도착하기 위해서는 50미터 전방에서 우회전해야 한다거나, 100미터 전방에서 여자친구가 걸어오고 있다는 등의 정보를 추천해줄 것이다. 스마트폰 내비게이션이 운전자에게 '생각하는 사물'인 것처럼, 스마트 안경은 길을 걷고, 책을 읽고 있는 착용자에게 '생각하는 사물'이다.

스마트 안경이 프라이버시 침해의 문제로부터 자유로운 상태에서는, 예를 들어 책을 읽을 때는 무조건 녹화하는 등의 설정을 해둘 수 있다. 그러면 안경이 책을 읽고, 읽은 내용을 문자 해독 능력이 있는 소프트웨어가 해석하고 저장해 둔 뒤, 우리의 질문에 답변하거나 제안하게 될 것이다. 전에 읽었던 책과 논리가 다르다거나, 함께 읽으면 좋은 다른 저자의 책을 추천하거나 핵심 논리를 비교해 볼 수 있는 단락만을 골라서 들려줄 수도 있다. 같은 책을 읽은 사람을 소개해 줄 수도 있다.

구글 글래스와 같은 스마트 안경은
독서한 내용을 모두 저장하는 마법의 안경이 될 수 있다.
스마트해진, 외부의 인공의 인지시스템과 연결된
'생각하는 안경'은
우리를 위해서 쉼없이 생각하게 될 것이다.

안경이 생각하게 된다면, 우리는 무엇을 생각해야 할까?

제일 먼저 우리는 '생각하는 안경'에 대해서 생각해야 한다. 인간의 시각 정보 처리 능력은 그렇게 대단하지 않다. 망막에 기록되는 정보의 극히 일부분만이 우리의 인지 과정에서 처리될 뿐 대부분의 정보는 어떻게 처리되는지, 어디에 저장은 되는지, 저장된다면 얼마나 오랫동안 저장되는지에 대해서 우리는 충분히 알고 있지 못하다. 눈에 도착하여 신경을 통해 뇌에까지 도달했지만, 우리 인지시스템의 대상이 되지 못하는 정보가 대부분이다. 하지만 디지털 형식으로 저장될 경우에는 다르다. 들어오는 모든 정보가 말그대로 '빅데이터'가 되어 소프트웨어의 분석 대상이 될 것이다.

디지털 영상 데이터를 처리하고 분석하는 기술은 매우 빨리 발달하고 있어서, 구글 글래스, 오큘러스, 마이크로소프트 홀로렌즈처럼 시각 데이터 처리 능력을 강화하는 장치들이 꾸준히 개발되어 시장에 등장하고 있다. 하지만 가상현실을 체험할 수 있는 머리에 뒤집어 쓰는 커다란 고글 모양의 장치와 달리, 실제 세계에서 안경처럼 착용하는 형태의 장비는 프라이버시 침해 문제를 해결하기 전에는 광범위하게 확산하기 어려울 것이다. 하지만 이러한 장치들이 매우 개인적인 활동, 예를 들어 독서에 사용되는 데는 제한이 없을 것이다. 읽는 책의 모든 내용이 카메라를 통해 저장되고, 검색되고, 분석되어, 인간의 요구에 가장 적절한 답변을 제공하게 될 것이다. 생각하는 사물은 독서, 멀티미디어 시청 등의 영역에서 검색 가능한 기억을 외부에 저장하는 사물로 기능하게 될 것이다. 이렇게 저장된 영상 데이터는 2011년 뎁 로이 교수의 '단어의 탄생'[7]에서처럼 분석되어 그 결과를 우리에게 제공할 것이다. 그의 연구와 그가 책임을 맡고 있는 소셜머신랩[8]의 결과를 참고해보면, 디지털 영상 데이터 분석 기술은 머지않은 미래에, 생각하는 안경이 '우리가 발견하지 못한 의미를 발견하여 우리에게 전달할 수 있도록 도울 것'이다.

인터넷에 연결된, 카메라가 숨어 있는 안경을 착용한 우리는 매우 똑똑해 질 것이다. 안경의 카메라가 인식한 대상Object, 정확히는 우리가 보고 있는 모든 대상에 대한 정보 중에서 인터넷을 통해 발견할 수 있는 모든 정보를 실시간으로 우리에게 전달해줄 수 있다. 앞에 서 있는 사람의 이름이 무엇인지를 알려줄 뿐만 아니라, 수능 시험장에 앉아서 시험을 보는 학생에게는 '정답'을 알려주고, 앞에 보이는 모든 동식물에 대한 정보를 (번거롭게 외우고 있지 않아도) 등산객에게 알려줄 것이다. 거리에서 만나는 모든 사람은 아는 사람이 되고, 세상 그 어떤 곳이라도 아는 곳이 될 것이다.

과거에 내가 읽었던 책의 내용은 모두 안경을 통해 서버에 저장되어 있다. 내가 들었던 수업 내용, 친구와의 대화 내용, 세미나 발표와 묻고 답한 내용이 모두 어딘가에 저장되어 있다. 그리고 안경은 그때그때 말해줄 것이다. "두 달 전에 읽었던 ○○○책에 나오는 내용과 다릅니다."라고. 타임머신은 시간을 거슬러 과거로 가는 것이 아니라, 기록된 데이터를 거슬러 가는 방식으로 구현될지도 모른다.

생각하는 사물이 항상
우리를 위해 생각해줄까

이 질문에 대한 답은 하나다. 생각하는 사물은 '반드시' 우리를 위해 생각해야 한다. 또는 우리를 위해 생각하도록 만들어야 한다.[9]

가상의 상황을 생각해보자. 생각하는 사물의 대표주자로 손색이 없는 자율주행 무인자동차는 도로 위에 나타나 세 가지 방식으로 우리(가 운전하는 자동차)와 함께 달릴 것이다. 쉽게 생각해 볼 수 있는 방식은 인간 운전자가 운전석에 앉아 있으면서 자동 운전되는 상황이다. 하지만 언제든지 돌발 상황이 발생하면 운전대를 넘겨받을 준비를 하고 있어야 한다. 운전자가 잠시도 긴장을 놓을 수 없다는 점에서 이 방식은 무인자동차가 추구하는 방향은 아닐 것이다.

두 번째와 세 번째는 자동차 안에 인간이 없는 상태와 인간이 있더라도 단지 승객으로 탄 상황에서의 자율주행이다. 무인자동차가 택시로 운행되는 경우를 생각해보자. 사람이 원하는 곳에서 부르면 택시가 그곳으로 (인간이 없는 상태로) 이동하여 (아무리 긴급한 상황이 닥치더라도 운전대를 넘겨받을 마음이 전혀 없는) 인간 승객을 태우고 이동한다.

사람이 타고 있지 않은 무인자동차 또는 승객만을 태운 무인자동차를 상대로 인간 운전자가 난폭운전을 하는 상황을 생각해 보자. 앞선 무인자동차가 교차로에 진입하기 직전 노란색 신호로 바뀌자 멈춰 섰다. 그런데 뒤따라오던 자동차의 성질 급한 운전자가 교차로를 통과하려고 속도를 높이다가 무인자동차가 멈추는 바람에 급히 브레이크를 밟았다. 이 운전자는 무인자동차를 대상으로도 위협적인 난폭운전을 하게 될까? 무인자동차는 난폭 운전의 위험 수준에 대해서는 어떻게 판단해야 할까? 주변 차량의 난폭운전을 무인자동차가 위험 신호로 인식했다면 무인자동차는 그 이후 어떤 행동을 취하는 것이 가장 적절할까? 보다 정확하게 묻는다면 어떤 행동을 하도록 프로그래밍 해야 할까? (난폭운전 결과는 녹화되었을 테니) 운전을 멈추고 차량을 길가에 세우고 경찰을 부르고 경찰이 올 때까지 기다리도록 프로그래밍 해야 할까? 그렇게 할 경우 겪게 될 '승객'의 불편에 대해서는 어떻게 판단해야 할까? 아무리 심각한 상황에서도 대부분의 승객은 인간이 운전하는 택시를 타는 승객과 동일한 반응을 보일 것이다. 즉, 무슨 일이 벌어지건 간에 전혀 상황에 개입하지 않으려 할 것이다. 어떤 선택을 해야 할까?

무인자동차가 모든 상황에 적절하게 대응할 수 있도록 하는 기능과 멋진 알고리즘이 마련되기 전에 무인자동차가 도로를 주행할 것 같다. 그래서 무인자동차에게 스스로를 보호할 수 있는 의사결정 권한을 주기보다는, 무인자동차를 보호하기 위한 추가적인 제도를 만들고 그 제도를 인간이 관리하는 방법을 먼저 시도할 가능성이 크다. 예를 들어 무인자동차에게 난폭운전 등의 폭력을 행사할 경우 난폭 운전자를 가중 처벌하는 등의 법제도를 신설할 수도 있다. 하지만 무인자동차를 보호하기 위한 법제도를 신설하면 또 다른 문제가 생긴다. 예를 들어 무인자동차만 나타나면, 가중처벌에 대한 걱정으로 조심조심 운전해야 한다면 그 불편함을 인간 운전자들이 참고 있을까? 더구나 상대는 인간이 아닌 기계인데.

2014년 8월, 캐나다의 퀸즈 대학교Queen's University 철학과 박사과정 학생 제이슨 밀러Jason Millar가 고안한 '무인자동차와 관련한 터널 문제'라고 이름 붙여진 사고실험[10]이 소개되었다.[11] 설계된 사고실험을 요약해보면 다음과 같다.

당신은 폭 1차로인 좁은 도로에서 무인자동차에 타고 있는 승객이다. 전방에는 1차로 폭의 터널이 보인다. 갑자기 여자아이가 공을 잡으려고 자동차 길로 뛰어나왔다가 넘어진다. 여자아이는 자동차의 제동 거리 안쪽에 넘어져 있다. 당신(이 타고 있는 자동차)의 선택지는 두 개이다. 하나는 급정거를 해서라도 멈추는 것이다. 그러면 결국 여자아이를 치어야 한다. 두 번째는 차량의 운전대를 최대한 꺾어 길 밖으로 운전하는 것인데, 바로 앞이 1차로 터널이라 가볍지 않은 교통사고가 발생하여 당신이 심각한 부상을 입게 될 것이다. 선택지는 두 개 밖에 없고 어떤 결정을 하더라도 나쁜 결과만 나오는 상황이다.

당신이 직접 운전을 하고 있다면 어떤 결정을 하겠는가?

그리고 무인자동차에게 어떤 의사결정을 하도록 프로그래밍해야 한다고 생각하는가?

이 사고실험 상황에 대비해서 무인자동차를 어떻게 설계해야 하는지를 두고 조사한 온라인 설문 결과가 기사에 소개되었다. 응답자의 절반 가량은 '자동차에 탑승하고 있는 승객이 결정하도록 해야 한다'고 답변하였다. 이런 수준의 의사결정을 무인자동차에게 맡겨서는 안된다는 것이다. 하지만 무인자동차가 추구하는 방향은 인간 없이도 운전 가능한 자동차라는 점에서 앞으로의 무인자동차 설계에 이 논리가 적용될지는 확신할 수 없다. 12%의 응답자만이 '무인자동차의 설계자가 내려야 할 결정이다'라고 응답하였고, 응답자의 1/3 가량은 '입법자 또는 국회의원에게 맡겨야 한다'고 응답했다.

만약 터널 사고실험에서, 당신이 승객으로 타고 있는 무인자동차가 터널 벽을 들이받는 교통사고가 발생한다면, 이 교통사고에 대한 책임이 누구에게 있을까?[12] 만약 사람이 운전하고 있던 상황이라면 일차적인 책임은 운전자에게 있을 것이다. 하지만 이 경우에 당신은 단지 승객이었을 뿐이다. 택시 승객에게 택시 교통사고에 대한 책임을 물을 수 없듯이 이 경우도 승객이었던 인간에게 책임을 물을 수는 없다. 만약 무인자동차가 발생시킨 교통사고에 대한 책임을 탑승하고 있는 인간 승객에게 묻는다면 적지 않은 제도의 수정이 필요할 뿐만 아니라, 나아가 무인자동차의 도입 자체를 거부할 수도 있을 것이다. 그런 책임을 져야 한다면, 사람이 직접 운전하는 게 더 낫기 때문이다.

가능성 있는 선택은 무인자동차의 제조사에게 책임을 묻는 것이다. 우리에게는 이미 이와 유사한 상황을 위해서 만든 규칙이 있다. 제조물책임법이다. 제조물책임법은 제조되어 시장에 유통된 상품(제조물)의 결함으로 인해서 그 상품의 이용자 또는 제3자(소비자)의 생명, 신체나 재산에 손해가 발생한 경우에 제조자 등이 그러한 손해에 대하여 책임을 지도록 하고 있다. 법에서는 제조물의 생산, 판매 과정에 관여한 자의 과실 유무에 관계없이 제조자 등에게 책임을 묻는다. 제조물책임법의 기준을 유지한다면 우리는 교통사고의 책임을 무인자동차 제조업체에게 부과할 수 있다. 무인자동차에 적용된 소프트웨어 알고리즘 개발회사 역시 제조물책임법의 범위 내에서 책임을 져야 할 것이다.

이 두 주체뿐만 아니라, 이와 같은 긴급 상황에 대비하여 법제도를 완비하지 않는 정부 기관에도 책임을 부과할 수 있다. 즉, 제한속도 규정, 제동거리에 대한 규정, 1차선 도로에서의 규정 등에 대해 충분한 준비를 하지 않은 상태에서 무인자동차의 도로 운행을 허가한 것에 대한 책임을 물을 수 있을 것이다.

한 가지 미묘한 문제가 더 있다. 무인자동차 그 자체에 책임을 묻는 상황이 벌어지지는 않을까? 로봇이 잘못했으니 로봇에게 책임을 물어야 한다는 논리이다. 지금 기술은 더 영리한 인공지능, 스스로 학습하는 인공지능을 목표로 나아가고 있는 것처럼 보인다. 그러니 로봇에게 책임을 묻는 것이 전혀 엉뚱한 이야기는 아니다. 하지만 기술적으로는 그 방향으로 나아간다고 하더라도, 지금까지 우리가 세계를 이해하는 방식 (인공물을 인간과 구분하는 방식), 윤리와 도덕을 다루는 방식 (윤리의 주체는 인간뿐), 사회 체제를 다루는 방식 (인간만이 사회 체제의 구성원으로 가능함)을 '로봇에게 책임을 물을 수 있도록 바꿀 수 있을까?'

2015년 3월 17일, 가트너Gartner는 생각하는 사물[13]을 위한 윤리적인 프로그래밍이 필요하다고 밝혔다. 생각하는 사물을 개발하고 있는 회사들의 개발 책임자들은 생각하는 사물이 윤리적으로 행동할 수 있도록 하는 방안을 개발해야 한다고 강조한 것이다.[14] 가트너 그룹의 리서치 담당 프랭크 뷰이텐디크Frank Buytendijk 부사장이 윤리를 강조한 이유는 단지 스스로 판단하는 인공지능이 가져올 위험으로부터 인간 사회의 안전을 확보하기 위해서뿐만이 아니다. 인공지능에 대한 신뢰, 즉 사용자에게 전해지는 인공지능에 대한 믿음이 사업적 기회를 여는 데 중요하다는 점도 고려한 주장이다.

그는 생각하는 사물을 위한 윤리적 프로그램을 다섯 단계로 구분한다. 첫째는 윤리적인 고려 없이 생각하는 사물을 개발하는 단계로서 현재 우리는 이 단계에 있다. 다음 단계는 생각하는 사물을 위한 윤리의 전체적인 윤곽을 고안하는 단계로서 윤리적으로 고려된 생각하는 사물을 만들기 위해서 반드시 선행되어야 하는 단계이다. 몇몇 회사에서 이와 같은 문제를 논의하기 위한 위원회를 구성하기 시작했으나 여전히 매우 소수이며 아직 역할도 제한적이라고 한다. 세 번째는 윤리에 대한 관점을 적용하여 생각하는 사물을 개발하는 단계인데, 생각하는 사물이 다양하게 개발되어 시장에 출시되기 시작한 현재에 당면한 문제이다.

현재, 생각하는 사물로 인해 발생하는 현상에 대한 윤리적인 책임은 세 주체인 사용자, 설계자, 서비스 제공자가 나누어지고 있다. 예를 들어 자동차 내비게이션이 알려주는 경로를 따라 이동하다가 막다른 골목을 만나 당황하다가 교통사고가 난 상황을 가정해 보자. 사용자는 운전하면서 내비게이션을 조작하거나 사용한 점에 대해서, 설계자는 초기 설계에서 고려하지 못한 오류 상황에 대처하는 설계 미비에 대해서, 서비스 운영자는 발생하는 오류를 모니터링하고 서비스를 개선하지 않은 점에 대해서 책임을 나누어 가지게 될 것이다. 앞으로 스마트폰 내비게이션보다 좀 더 스마트한 방식으로 경로를 추천하는 '생각하는 내비게이션'이 등장하게 된다면, 스스로 생각하여 의사결정한, 생각하는 내비게이션에도 책임을 물어야 할까?

네 번째는 윤리적인 프로그래밍이, 변화하는 조건에 적응하며 성장하거나 변화할 수 있도록 개발하는 단계이다. 네 번째 단계는 생각하는 사물이 학습하는 능력을 확보하는 것과 관련된다. 생각하는 사물이 학습하는 능력을 확보한다는 것은 생각하는 사물이 초기 설계 의도로부터 스스로 벗어날 수 있는 가능성을 확보하는 것이라고 할 수 있다. 스스로 독립적으로 행위하는 존재는 반드시 윤리적으로 판단할 수 있는 능력을 포함하고 있어야 한다. 이 점에서 생각하는 사물에게 학습 능력을 부여하려는 노력에는 반드시 윤리적으로 판단할 수 있는 능력도 고려되어야 한다.

마지막으로는 생각하는 사물이 윤리를 고안하는 단계이다. 마지막 단계에서 생각하는 스스로 사물은 스스로를 지각할 수 있으며, 변화하는 주위 상황에 맞추어 독자적으로 윤리적인 판단을 내리고, 자신의 판단에 대해서 책임을 지며, 윤리적인 판단을 개선해갈 것이다. 이 단계에 접어들면 더 이상 '사용자User'라는 개념은 존재하지 않게 되고, 인간과 사물의 구분이 의미 없어져서 인간과 사물 모두 '행위자Actor'로서 존재하게 될 것이다.

'생각하는 사물이

스스로 내린 의사결정·행동에 대해서,

그(것)들에게 어떤 형태로 책임을 부과할 것인가?'

이것은 생각하는 사물의 등장, 그들의 기하급수적인 기능 개선에 직면한 우리가 스스로에게 던져야 할 질문이다. 그(것)들을 애완동물처럼 다루면서 그(것)들의 행위에 대해서 소유자에게 책임을 묻는 방식일 수도 있고, 그(것)들을 어린아이처럼 다루면서 그(것)들의 행위에 대한 책임을 그(것)들 자신에게 묻는 방식일 수도 있다.

우리는 어떤 관점에서 판단을 해야 할까?

어떤 방법을 선택하면 그들이 언제나 우리를 위해서 생각할 수 있도록 만들 수 있을까?

아이들의 스마트한 도구 사용을
지지해야 할까

인간을 돕는 도구에 대해서 교육학은 '다 자란' 성인이 된 우리와 '덜 자란' 아이를 구분한다. 우리가 아이들에 대해서 가지고 있는 특수한 관점 때문이다. 우리는 우리의 아이들을, 필요한 능력을 확보하지 못한 '덜 자란 인간'으로 이해하며, 목표로 하는 능력을 확보할 수 있도록 돌봄을 받고 지원을 받아야 하는 존재로 가정한다. 이 특수한 관점은 교육학이라는 학문의 기본 전제이기도 하다.

성인은 '보다 편리한 삶을 위해서' 도구를 사용하면 된다. 그러나 아이들은, 목표로 하는 능력을 획득할 수 있게 도구를 사용하도록 돌봄을 받아야 한다. 만약 목표로 하는 능력의 획득에 방해된다면 도구 사용을 금지해야 한다는 것이 우리 사회의 일반적인 인식이다.

어린아이들의 전자계산기 사용을 예로 들어보자. 산수 문제를 풀어야 하는 초등학생이 전자계산기를 사용하는 것을 지지해야 할까 반대해야 할까? 지지하는 측의 입장은 이렇다. 어릴 때부터 단순 계산 정도는 전자계산기에게 맡기는 것에 익숙해진다면, 결국 전자계산기를 효과적으로 사용하는 능력을 키울 수 있다. 그리고 전자계산기 사용으로 절약하게 되는 인지 자원을 더 중요한 활동에 사용할 수 있게 된다. 이런 입장에서 보면 전자계산기 없이 순전히 생물학적 뇌의 능력만으로 덧셈, 뺄셈, 곱셈, 나눗셈 능력을 키워 나가는 것은 추구해야 할 최우선 가치가 아니다. 전자계산기를 잘 사용하는 능력을 확보함으로써 단순 계산에 사용할 인지 자원을 절약하여, 보다 고차원적인 사고에 투자할 수 있는 인지 자원을 더 많이 확보하는 것이 중요하다.

그 반대편에 있는, 초등학생의 전자계산기 사용을 반대하는 측의 입장을 요약해보자. 아이들에게는 외부의 도움이 배제된 상태에서 발휘할 수 있는 능력을 키워가는 것이 중요하다. 단순 계산을 빠르고 정확하게 그리고 (반복 훈련을 통한 자동화로) 효율적으로 수행할 수 있도록 적응된 생물학적 뇌는 그 능력에 기초하여 더 높은 수준으로 성장할 수 있다. 그런데 어린 시절부터 전자계산기 사용에 적응해버리면, 고차원적인 사고를 개발하기 위해서 필요한 가장 기본적인 능력 즉, 사칙연산을 수행하는 능력, 암기하고 집중하고 계산하는 능력을 키울 수 없다고 강조한다.

어린아이들의 전자계산기 사용을 억제하여 생물학적 뇌의 기초적인 논리적 사고 능력을 튼튼하게 키워주어야 할까? 아니면 어릴 때부터 전자계산기 사용에 적응할 수 있도록 도와주어, 논리적이고 수리적인 문제 해결을 위한 인공물과의 협업 능력을 확보할 수 있도록 해야 할까? 이 질문은 어린아이들의 스마트폰 사용을 장려해야 할지, 억제해야 할지의 질문으로 이어진다. 그리고 초등학생의 디지털교과서 사용을 지지할 것인지 반대할 것인지의 질문과도 닿아 있다.

결국 인공지능 시대에 살아남기 위한 미래 인재의 핵심 역량이 무엇인지에 관한 질문으로 이어지게 된다. 더 과격하게 말하면, 인공지능의 지배로부터 인류 문명과 인류의 생존을 보장받기 위해서 핵심적으로 확보해야 할 인간의 능력은 무엇인지에 관한 질문으로까지 이어진다.

인공지능, 즉 인공의 인지시스템과 연결되어 생각하는 능력을 확보하게 될 '생각하는 사물'의 발달은 이 질문들에 한가지 조건을 추가한다. 단순 연산 능력뿐 아니라, 고차원적인 사고 능력 중 일부 영역에서도 인공의 지능이 인간보다 더 우월해질 가능성이 있다는 사실이다.

성인에게는 이러한 질문이 제기되지 않는다. 제도적인 교육과정을 마친 존재, 즉 다 자랐다고 가정되는 성인에게는 전자계산기와 스마트폰이 필요한 능력의 획득 및 성장을 목표로 하는 도구가 아니라, 효율적으로 사용하여 일의 성과를 높이는 데 필요한 도구 또는 보다 편안한 삶을 누리기 위한 도구가 된다. 인공지능 역시 '잘 사용하면 되는 도구'로 다루면 된다.

전자계산기를 종이책으로 바꾸어 보자. 종이책은 어린아이와 어른 모두에게 사용 목적이 일치하는 흔하지 않은 도구이다. 얼마 전까지 어린아이와 성인 모두 책을 통해 정보를 얻고 배웠다. 책을 읽으면 세계를 성공적으로 살아가는 데 필요한 능력을 획득하고 성장시킬 수 있을 것이라는 믿음에 아무도 의문을 제기하지 않았다. 미래에 무슨 일을 하게 되건 책을 읽고 글을 쓰고 말을 잘하는 능력이 높을수록 성공할 가능성이 더 높다고 믿어 왔다. 결국 3살짜리 아이에서부터 은퇴한 노년에 이르기까지 무언가를 배우기 위해서는 책을 읽어야 했다.

문제는 성인의 삶에서 책이라는 도구의 역할이 축소되기 시작한 데서 비롯된다. 이제 많은 경우 성인들은 새로운 것을 배우기 위해서 종이책을 읽지 않는다. 종이책이 아닌 다른 매체를 통해서 정보를 획득하고 필요한 능력을 확보하는 데 익숙해지기 시작한 성인들은 의문을 제기하기 시작했다.

"모든 아이들한테 그렇게까지 종이책을 읽힐 필요가 있을까?"

뉴욕타임스는 2014년 '더 업샷The Upshot'이라는 새로운 뉴스 서비스를 시작했다. 온라인을 통해서 제공되는 대부분의 뉴스 콘텐츠 역시 과거의 종이 신문이라는 매체의 제한을 벗어나지 못한 콘텐츠라고 판단하고, 종이 매체의 한계를 벗어나 디지털 기술을 사용한 새로운 개념의 뉴스 서비스로 시작한 것이 더 업샷이다.

우리나라의 교육부(당시는 교육과학기술부)에서 2011년에 발표한 스마트 교육 정책의 배경 인식도 비슷하다. 이 정책은 '모든 아이들이 종이책에 지금처럼 매달려 있어야 할 필요가 있을까? 이 아이들이 어른이 되고 나면 지금처럼 종이책에 의존하지는 않을 텐데'라는 생각을 한 성인들이 설계한 대표적인 국가 수준의 교육정책이라고 할 수 있다.[15]

문제는 이와 같은 생각이 '아이들에게 도구는 편리한 사용이 아니라, 필요한 능력의 성장을 목표로 해야 한다'는 교육계의 전제, 또는 사회의 전제와 충돌한다는 것이다. 디지털 교과서 정책은 아이들의 성장을 위해서 종이책이 제공해줄 가치와 디지털 매체가 제공해줄 가치가 분명하게 확인되지 않은 상태에서, 기존의 것(종이 교과서)을 유지하는 쪽으로 선택 당한 뒤 사멸하고 있는 정책이다.

몇 백 권의 종이책을 집중적으로 읽고 성공하여 현재의 위치에 오른 (사회의 각계각층에서 의사결정을 담당하고 있는) 성인들이 보기에 디지털 환경은 지나치게 산만하다. 그들에게 디지털 교과서라는 새로운 매체는 주의집중을 오래 못하는 아이, 하나에 대한 깊은 앎은 없이 이것저것 산만하고 얕은 앎을 쌓아가는 아이로 자라게 할 도구로 보일 것이다. 배워야 할 것과 배우지 말아야 할 것이 구분되어 있지 않은 환경에 어린아이들을 노출시키는 무책임한 교육 방법으로 보였을 것이다.

스마트폰이 어린아이들의 인지 능력 성장을 방해한다는 전제를 받아들인 다음, 그에 따른 조금 더 현실적인 질문을 해보자.

아이패드, 갤럭시탭 또는 스마트폰 등의 단말기를 통해 사용할 수 있는 디지털 교과서를 초등학교 3학년(에서부터 중학생까지) 학생들에게 제공해야 하는 이유는 뭘까? 인쇄된 뒤에는 아무런 반응도 할 수 없는 종이 교과서보다 스마트하다고 할 수 있는 디지털 교과서를 사용하면 아이들은 조금 더 스마트해질까? 혹은 물어보면 바로 답을 알려주는 존재들과 함께 살아가게 될 미래의 삶에 필요한 경쟁력을 확보하기 위해서일까?

우리는 새로운 세대를 미래의 세계에서 행복하게 살아갈 수 있도록 키워야 한다. 미래의 세대가 디지털 존재들과 분리되어 살아갈 수 없다면 차라리 어릴 때부터 그 존재들에 적응할 수 있는 기회를 주는 것이 옳지 않을까? 그(것)들에 적응되면 우리는 무엇이 될지, 우리가 잃어버리는 것이 무엇인지 분명하지 않은 상황이라고 하더라도 그렇게 해야 할까?

이들 질문은 현재의 스마트폰이 아니라, 우리의 아이들이 성인이 되어 살아갈 즈음 그들과 함께 존재하게 될, 스스로 생각하고 학습할 수 있는 인공지능과 함께 살아갈 미래를 고려해서 생각해야 한다. 학교를 벗어나, 우리들의 현실로 질문을 가져와보자.

현재의 스마트폰과는 비교하기 어려울 정도로
(인공지능과 연결되어) 스마트해진,
스스로 생각하는 능력을 확보한 인공물(인공의 인지시스템)들과
함께 살아가게 될,
미래를 살게 될 우리의 아이들에게,
바로 지금 우리는 그들에게 무엇을, 어떤 지식을, 어떤 경험을 제공해주어야 할까?

저장하고 연산하는 능력뿐만 아니라,

학습하는 능력까지 확보한 사물과 함께 살게 되면,

우리는 그리고 우리의 아이들은 무엇을 학습해야 할까?

지금의 아이들이 성인이 되어 사회생활을 시작할 무렵이 되면 자동차가 스스로 달리고, 출입문은 스스로 방문자를 통제하고, 인공지능이 집필한 교과서를 읽고, 소프트웨어가 진찰하는(또는 진찰을 돕는) 병원을 드나들고, 건물은 스스로를 관리할 것이다. 교사보다 인공지능과 결합된 (모든 소리를 들을 수 있는) 학교 건물이 아이들을 더 정확하게 이해하는 날이 올 수도 있다.

우리의 아이들은 인공지능, 그리고 인공지능과 연결된 사물들과 함께 살아가게 될 것이다. 우리의 아이들을 위해서 현재 우리는 무엇을 해야 할까? 그들에게 어떤 교육 프로그램과 어떤 교과목과 도구를 제공해 주어야 할까?

교실에 모여서 교과서를 읽으며 선생님의 수업을 듣고 시험을 보는 것이 여전히 적절한 방법일까? 그렇지는 않을 것이다. 우리가 제공받았던 프로그램과는 다른 프로그램이어야 할 것이다.

우리는 스스로 학습하고 생각하는 기계가 우리 생활을 둘러싸게 될 미래를 염두에 두고, '아이에게 스마트폰을 주어야 할까?'의 질문에 대한 답을 찾아야 한다.

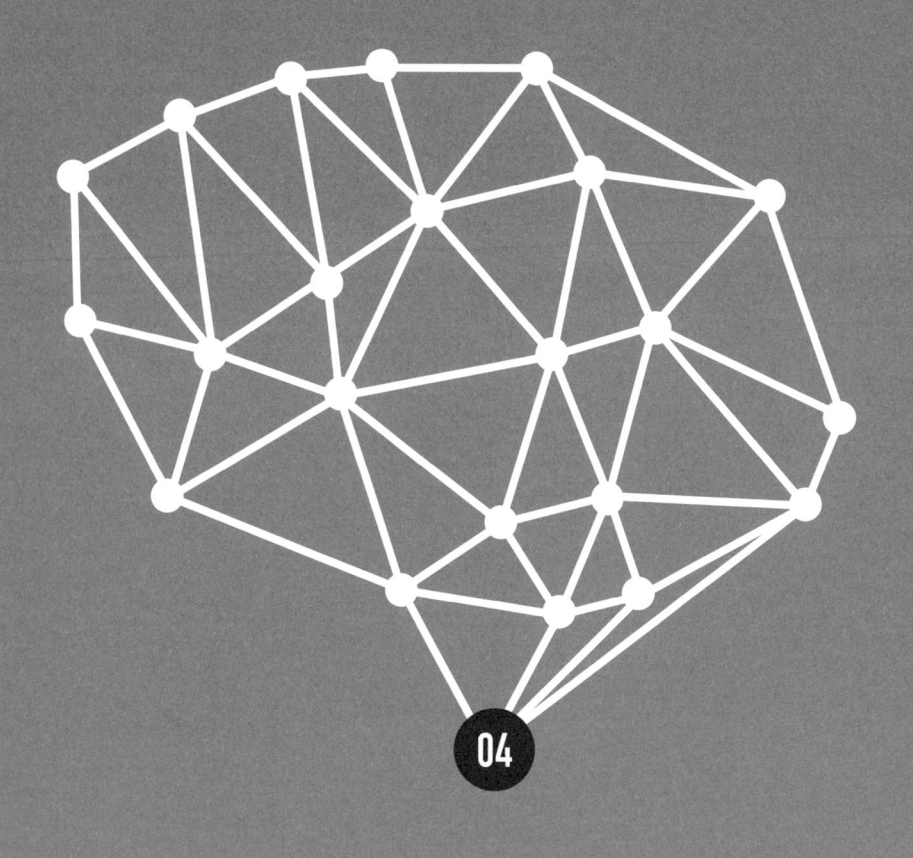

04

생각하는 사물의 시대
우리에게 필요한 능력

Things That Think

미래에 필요한 도구를
사용하는 능력

　'도구를 상호작용적으로 사용하기Using Tools interactively', OECD가
21세기를 살아갈 인재에게 필요한 핵심역량의 하나로 제시한 능력
이다.

　20세기 말, OECD는 21세기 미래 사회에 필요한 인재의 핵심역량
이 무엇인지를 밝히기 위한 DeSeCoDefinition and Selection of Key Competences
프로젝트를 구성하였다. 1997년부터 2003년까지 운영된 이 프로젝
트는 2005년에 연구 결과를 발표했다.

　DeSeCo는 먼저 '성공'이 무엇인지를 정의했다. 그들이 사용한 틀
은 간단하며 납득하기도 쉽다. 먼저 고려한 성공은 개인적인 차원에
서의 성공이다. 고용과 소득을 중시하고, 건강과 안전, 정치 참여, 만
족스러운 사회적 관계망을 확보하는 것이 개인 차원에서 성공의 하
위요소로 정의되었다. 두 번째로 고려된 성공은 사회적 차원에서의

성공이다. 그 하위요소로는 경제적 생산성, 민주적 절차, 사회적 통합 및 공정과 인권, 그리고 생태적 지속가능성을 포함시켰다. 개인적 차원의 성공과 사회적 차원의 성공을 위해서 필요한 핵심역량은 개인적 역량, 제도적 역량, 그리고 공동의 목표에 기여할 수 있도록 개인적 역량을 적용하는 역량으로 구분하여 제시하였다.

'도구를 상호작용적으로 사용하기'는 이 중에서 개인적 역량으로 제안된 세 가지 역량 중 하나이다.

그들이 제시한 개인에게 필요한 핵심역량 셋은 도구를 상호작용적으로 사용할 수 있는 역량Using Tools Interactively, 이질적인 집단 속에서 상호작용하는 역량Interact in Heterogeneous Groups, 자신의 삶을 자주적으로 관리할 수 있는 역량Act Autonomously이다. OECD는 '성공'을 위해 필요한 역량의 확보를 지원하는 시스템으로 학교 제도만을 고려하지 않고, (어디에서 역량을 키워갈 수 있을지 분명하지는 않지만) '평생교육'의 관점에서 역량을 다룬다.

OECD는 도구Tool라는 단어를 언어에서부터 기술에 이르기까지 그 범위를 넓게 사용하였다. 즉, '언어'를 사용하는 능력, '지식'과 '정보'를 사용하는 능력, '테크놀로지'를 사용하는 능력을 한마디로 줄여서 '도구를 상호작용적으로 사용하기'라고 적은 것이다.

그 의미를 구체적으로 살펴보자. 언어를 훌륭하게 사용하는 작가, 방송인, 정치인, 사업가 등을 예로 들어 '언어와 상호작용한다는 것'을 생각해보자. 그들은 자신의 고유한 생각을 담기 위해서 언어를 자기 스타일로 고쳐 쓴다. 멋지게 고쳐 쓰는 언어는 그 사람의 생각을 더 잘 전달해준다. 그런데 언어를 고쳐 쓰는 능력(도구를 사용하는 능력)이 훌륭해서 그들이 성공한 것인지, 그들의 생각(도구에 담아내는 내용)이 훌륭해서 성공한 것인지 분명하게 구분하기는 쉽지 않다.

다른 도구에 대해서도 언어를 사용하는 능력과 멋진 것을 생각하는 능력을 구분하는 것만큼 어렵다. 그림을 그리기 위해서 붓과 물감을 사용하는 사람, 글을 쓰기 위해서 종이와 연필을 사용하는 사람, 음악을 만들기 위해서 악기를 사용하는 사람들 모두, 그들이 사용하는 도구와 상호작용한다. OECD는 이러한 능력을 '도구를 상호작용적으로 사용하기'라고 표현했다.

먼저 도구를 지식과 정보로 생각해 보자. OECD는 지식과 정보 역시 '습득하는 능력'이 아니라, '도구를 상호작용적으로 사용하는 능력이 핵심이라고 제시했다. 지식과 정보 역시 개인과 사회의 성공을 위해 활용하는 '도구'라는 사실은 의심의 여지가 없다. 지식과 정보는 알지 못하면 사용할 수 없고, 알기 위해서는 만만치 않은 시간과 노력이 사전에 투자되어야 한다. 암기와 같은 방식으로 말이다. 선행하는 지식과 정보를 알고 있지 못하면, 더 복잡하거나 더 높은 수준의 지식과 정보에 도달하기 어렵다. 결국, '지식 정보를 상호작용적으로 사용하기' 위해서는 먼저 지식과 정보를 습득해야 한다.

DeSeCo 프로젝트에서 사용하는 도구는 그 범위가 매우 넓다. 그러나 도구를 다양한 영역으로 확장해보기 전에 상호작용Interaction에 대해서 생각해 보자. 상호작용을 어떻게 전제하느냐에 따라 '도구를 상호작용적으로 사용하기'의 의미는 달라진다. 먼저 크게 둘로 구분하자. 첫째 경우는 '상호변화하는 상호작용'이다. 즉 상호작용의 결과로 양측이 모두 변화하는 상태이다. 흔히 말하는 호흡이 잘 맞는 동료와 상호작용하는 상태를 생각하면 된다. 동료와 말을 주고 받으며 내 생각이 변해간다. 내가 변화한 만큼의 위치에서 다시 말을 건네고 그 말을 건네 받은 동료 역시 변화한 만큼의 상태에서 다시 나에게 말을 건넨다. 이처럼 1회의 상호작용이 아니라 지속되는 상호작용이라면 양측이 꾸준히 변화해가면서 상호작용의 관계를 지속하게 된다. 이때 각자 어디로 변해 갈지 사전에 정해져 있지 않다. 이 경우 양측은 모두 액티브Active한 존재라고 할 수 있다. 스스로의 변화 가능성도 열려 있고 상대방을 변화시키려는 작용 역시 능동적이라고 할 수 있다. 이를 '액티브:액티브'의 관계라고 하자. '액티브:액티브' 관계의 반대쪽에는 '상호변화하지 않는 상호작용'이 위치한다. 양측 모두 정보를 주거니 받거니 할 뿐 서로 변화하지 않는 이런 상태를 '패시브:패시브' 관계라고 하자.

학생과 교사가 대화를 하고 있다고 가정해보면, 가장 긍정적으로 볼 수 있는 관계는 액티브한 교사와 액티브한 학생이 맺는 관계일 것이다. 이에 반해 패시브한 교사에 패시브한 학생이 맺는 관계는 가장 우울한 관계일 것이다. 이 관계를 한 번 더 접어보자. 예를 들어 액티브한 교사는 학생을 변화시키려 노력할 테지만, 학생과의 관계를 통해서 스스로도 변화하려는 태도가 액티브인지, 패시브인지에 따라 학생과 맺는 관계가 달라진다. 결국 가장 긍정적인 교사의 상태는 상대를 변화시키려는 태도와 상대방과 맺는 관계를 통해서 스스로도 변화하려는 태도 모두가 액티브한 모습일 것이다. 이 조건은 학생에게도 동일하지만 조금 다른 점이 있다. 학생이 가장 먼저 액티브해야 할 것은 상대방(교사)과의 관계 맺음을 통해서 스스로를 변화시키려는 태도가 될 것이다. 그런데 관계 맺고 있는 교사를 변화시키려는 태도가 액티브할 경우에 '버릇없는' 학생으로 평가될 위험이 있다. 하지만, 역시 가장 긍정적인 상태는 학생 역시 양방향으로 모두 액티브할 때라고 할 수 있다.

이제 이 '액티브:액티브'와 '패시브:패시브'로 구성된 프레임으로 도구, 사물, 기술을 다루어 보자. 창가에 종이컵이 있다. 이 종이컵과 내가 맺는 관계는 '패시브:패시브'인 것이 자명해 보인다. 내가 종이컵을 변화시킬 마음이 없고, 종이컵을 통해서 내가 변화할 마음도 없다. 종이컵 역시 나와의 관계 맺음을 통해서 변화하지 않고 나를 변화시키지도 않는다. 그렇다면 종이컵과 상호작용적으로 관계 맺는다는 말은 무슨 의미일까?

가장 먼저 생각해볼 수 있는 예는 ① 내가 종이컵을 재설계하려고 시도할 때이다. 좁고 깊은 것도 불편하고, 프린트된 색깔도 바꾸고 싶으며, 안쪽에 코팅된 비닐 성분 역시 바꾸고 싶다. 종이컵을 재설계하려고 시도하면 4개의 작용 중 하나의 작용인 종이컵에 대한 나의 태도가 패시브에서 액티브로 바뀐다. 재설계하면서 종이컵을 액티브한 존재로 바꾸는 것 역시 가능하다. 종이컵에 당도를 측정하는 센서를 부착해서 커피에 시럽 또는 설탕을 첨가할 때마다 안에 담긴 음료의 당도와 당의 총량을 종이컵의 표면에 텍스트로 표시하거나, 종이컵의 색깔을 변화시키는 방식으로 표시하게 바꿀 수 있다. 그렇게 하면 ② 나와의 관계맺음을 통해서 스스로를 액티브하게 변화시키는 종이컵이 탄생할 수 있다.

매번 커피를 마실 때마다 당뇨가 걱정되는 사람을 위해, 무선인터넷 장치를 결합한 뒤 사물인터넷 기술을 활용하여 인공지능 왓슨, 마이크로소프트의 코타나와 연결된 종이컵을 설계해보자. 왓슨과 코타나에 연결된 종이컵은 측정한 당도와 당의 총량을 인공지능에 전달하고 인공지능으로부터 '하루 섭취 허용량을 10g 초과하여 섭취하게 됩니다'라는 메시지를 전달 받은 종이컵은 다음과 같은 경고를 표시한다.

"더 이상 설탕을 추가하지 마십시오. 오늘 하루 섭취한 당분의 총량을 계산해 본 결과 더 이상 설탕이나 시럽을 추가하는 것은 위험합니다. 당뇨병 진단을 받을 가능성이 0.5% 증가합니다."

결국 3) 사물인터넷과 인공지능에 연결된 종이컵은 액티브하게 사용자를 변화시키는 존재로 변화한 것이다. 4) 종이컵의 경고 혹은 제안을 받아들인 사용자가 설탕 추가를 멈추고, 마시던 커피를 쏟아버리는 변화가 발생했다면 종이컵과의 관계 맺음을 통해서 사용자가 스스로를 액티브하게 바꾸게 된 것이다. 결국, 종이컵과 나와의 관계에서 작동하는 4개의 작용 모두가 패시브에서 액티브로 바뀌게 되며, 이 때 사용자는 종이컵을 상호작용적으로 사용한다고 할 수 있다.

사실 인공물 또는 사물을 인터넷에 연결하는 사물인터넷 기술, 인공의 인지시스템을 만들어내는 인공지능 기술이 발달하기 전까지 인간과의 관계에서 액티브할 수 있는 도구는 매우 제한적이었다. 도구를 상호작용적으로 사용하기_{Using Tools Interactively}를 흔히 '도구의 지적 사용 능력'으로 번역하는 경우가 있는데, 인간과 관계 맺는 과정에서 액티브한 도구를 발견하기 어렵기 때문에 그랬을 것이라고 추정해볼 수 있다.

이제 상호작용적으로 도구를 사용하는 능력의 사례를 살펴보자.

도구와 협업하는
능력

21세기 들어 소프트웨어라는 도구를 상호작용적으로 활용하여 부의 흐름을 바꾼 사례가 있다. 인간은 할 수 있고 소프트웨어는 할 수 없는 일의 조합으로 새로운 협업 모델을 만들어 억만장자가 된 루이스 폰 안_{Luis von Ahn}이다.

2000년대 초반, '매크로'라고 불렸던 소프트웨어 프로그램은 실제 인간이 한 것처럼 회원 가입을 하고, 로그인을 하고, 이메일을 생성하거나, 인터넷 예약 사이트에서 예약을 할 수 있었다. 수백만의 개인 정보를 확보한 해커는 이 소프트웨어의 힘을 이용해 자동으로 이메일을 생성한 뒤, 대량의 광고 메일을 (가짜로 생성한 이메일을 향해) 발송하여 돈을 벌 수 있었다. 개인 정보를 도용당한 개인은 자신의 이름으로 어떤 이메일 주소가 생성되고 그 주소로 어떤 이메일을 받고 있는지 알 길이 없었지만, 광고주는 수백만명에게 제품 광고

메일을 발송해주는 해커에게 돈을 지불했다. 당시 이 문제를 해결하기 위해서 여러 방법으로 '사람이 한 일인지, 소프트웨어가 한 일인지를 구분해내는 방법'을 찾아내려 노력했다.

예를 들어 사진에 나오는 동물의 이름을 정확하게 맞추면 사람이고, 맞추지 못하면 매크로 프로그램일 것이라는 가정을 근거로 회원 가입이나 이메일 생성 절차에 '동물 사진'을 사용하는 방법도 등장했다. 당시 가장 발달한 알고리즘도 이미지에 포함된 동물의 이름을 알아낼 수 있는 능력은 없었다.[1] 그러나 이 방법은 실제 인간조차 종종 정답과 매우 유사한 오답을 제시한다는 한계가 있었다. 예를 들어 고양이 사진을 보고 '애기 고양이'라고 이름을 적는 식이다. 이 경우 '애기 고양이'를 정답(고양이)으로 처리할 것인지 말 것인지라는 새로운 문제가 파생되어 복잡해지기 때문에 대안으로 선택되지 못했다.

루이스 폰 안의 새로운 아이디어는 간단했다. '살짝 기울이거나, 찌그러뜨린 알파벳'을 사용하자는 것이었다. 웹사이트에 회원 가입을 시도하는 수준의 지적 능력을 가진 사람이라면 살짝 비틀거나 기울이더라도 그게 무슨 알파벳인지 정도는 당연히 알 수 있을 것이라는 가정에서 나온 아이디어였다. 당시의 기술로는 불규칙하게 살짝 변형한 알파벳을 정확하게 해독해낼 수 있는 알고리즘을 개발하지 못했다.

형태를 변형한 알파벳을 정확히 맞추면 인간이고 틀리면 매크로 프로그램이라고 판단하는 이 새로운 아이디어는 효과적으로 인간과 매크로 프로그램을 구분해낼 수 있었다. 이 방법에 캡챠

CAPTCHA[2] Completely Automated Public Turing test to tell Computers and Humans Apart 라는

이름이 붙었다. 캡챠는 나중에 리캡챠reCAPTCHA라는 방법이 고안되기 전까지 인간과 매크로 프로그램을 구별해내는 가장 성공적인 방법으로 사용되었다.

캡챠는 2013년 한 해 동안 전 세계에 걸쳐 매일 2억 번이나 사용되었다고 한다. 찌그러진 알파벳 그림을 보고 알파벳을 맞춰 적는 데 평균 10초를 사용한다고 가정하면, 인류는 캡챠가 제공하는 문제 풀이에 매일 50만 시간을 사용한 셈이다.[3] 루이스 폰 안은 이 50만 시간을 생산적인 시간으로 바꾸는 것을 목표로 새로운 방식의 캡챠를 고안해서 리캡챠reCAPTCHA라는 이름을 붙였다. 리캡챠의 목표는 회원 가입이나 이메일 등록 등을 위해서 사람들이 매일 사용하는 50만 시간을 소프트웨어가 판별해내지 못하는 고문서를 해독하여 디지털 텍스트로 변환하는 생산적인 시간으로 만드는 것이다.

리캡챠는 캡챠와 달리 두 개의 알파벳 조합을 맞춰야 한다. 첫 번째 조합은 캡챠로서 시스템이 정답을 알고 있다. 이 첫 번째 조합을

리캡챠

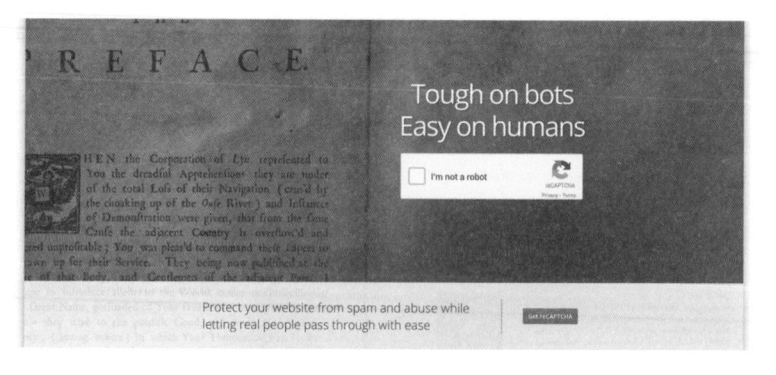

134

통과하면, 시스템은 '현재 회원 가입을 시도하고 있는 사용자는 인간'이라고 판단한다. 두 번째 조합은 '문자인식 소프트웨어가 아직 판별하지 못한 고문서의 알파벳 단어 이미지'이다. 첫 번째 조합을 맞춰서 인간 사용자라는 판정을 내린 경우, 그 사용자가 입력한 두 번째 조합의 입력 값, 즉 고문서의 알파벳 판별 값이 정답일 가능성이 크다고 가정한다. 리캡챠는 50만 시간을 이런 행위에 투자하는 수많은 인간 사용자의 판별 값을 입력받고, 그 중에서 여러 사람이 중복해서 같은 값으로 입력한 결과를 정답으로 선택하는 방식으로 고문서를 해독해낸다. 리캡챠는 2009년 구글에 인수되어 구글 북스 프로젝트에서 고문서 인식에 사용되고 있다. 그리고 루이스 폰 안은 억만장자가 되었다.

캡챠와 리캡챠는 '읽는 능력을 가진 두 주체' 사이의 협업 즉, 문자 인식 능력이 있는 소프트웨어와 인간을 협업의 대상으로 사용하는 매우 단순한 모델이다. 이 모델이 등장하기 전까지 인간과 소프트웨어(도구)의 관계는 거의 대부분 '인간은 지시하고 소프트웨어(도구)는 수행'하는 관계였다. 그런데 루이스 폰 안은 읽는 능력을 가진 두 주체 사이의 협업이라고 할 수 있는, 인간과 도구가 협업하는 새로운 모델을 만들어 냈다. 보다 효과적이고 효율적인 하이브리드한 협업을 향한 시도는 이제 막 걸음마를 떼는 중이다. 소프트웨어를 상호작용적으로 사용할 수 있는 능력은 앞으로도 부의 흐름을 바꾸어 놓을 중요한 힘의 원천이 될 것이다. 다음 번 협업 모델은 무엇일까?

다른 예를 가지고 생각해 보자. 아직 이 문제를 해결할 새로운 협업의 모델은 등장하지 않았다.

〈생각하지 않는 사람들〉이란 책에는 철학 전공의 오셔라는 학생 이야기가 등장한다. 오셔는 구글 북스를 통해 1, 2분 만에 필요한 정보를 골라낼 수 있는 세상인데, 굳이 첫 장에서 마지막 장까지 책을 읽는다는 것은 말도 안 되는 일이라고 생각한다. 온라인에서 능숙한 정보 사냥꾼이 되는 법을 배우면 책을 읽으며 시간을 허비하는 일은 더 이상 하지 않아도 된다는 것이다.

종이책이 더 이상 필요하지 않게 될 것이라는 이 같은 주장에 대응하기 위해서는 먼저 우리에게 익숙한 책의 구조에 대해서 살펴볼 필요가 있다.

책은 시리즈로 출간되거나 전집류로 출간되는 일부를 제외하면 한 권 단위로 내용이 완결되는 구성이 일반적이다. 일반적으로 책은 장과 절로 내용을 세분화하여 구성한 경우라도, 장과 절을 낱낱의 단위로 나누어서 뒤섞어 사용하기는 어렵다. 장이나 절 단위로 나누어 떼어내는 순간, 책 전체에 걸쳐 순차적으로 이어지는 논리의 전개 방식이나 맥락이 사라져 버리기 때문이다. 같은 이유로 여러 권에서 분리된 개별적인 장이나 절을 흩어 모은다고 해서 하나의 책이 되기는 어렵다.

그래서 책은 한 권 단위로 읽는 것이 일반적이며, 종이책이건 전자책이건 구분하지 않고 1권 단위로 유통된다. 물론 여러 권을 동시에 읽는 경우도 있지만, 그 경우에도 개별 책 내용의 연결은 인간의 머릿속에서만 가능하다.

그러나 인터넷에서 읽는 지식과 정보는 일반적으로 책과는 다른 구조를 가진다. 책의 장이나 절보다 작은 크기의 조각이 하나의 지식과 정보의 단위가 되며 이들이 모여서 이루어지는 상위의 단위(예를 들어 책)는 없다. 단지 이 개별적인 콘텐츠들이 하이퍼링크의 형식으로 연결되어 있을 뿐이다. 이 링크에 기반한 연결 역시 구조적인 체계를 가지지는 않는다. 물론 체계를 갖추어 링크의 구조(예를 들어 메뉴)를 설계할 수는 있지만, 책과 달리 하나의 메뉴를 순서대로 읽고 다음 메뉴로 넘어가는 식으로 읽는 독자는 거의 없다. 즉 인터넷에서는 개발자가 콘텐츠를 구조화해 놓아도 독자가 이 구조를 따르지 않고 콘텐츠에 접근할 수 있는 다양한 방법이 존재하기 때문에, 인터넷 콘텐츠의 체계는 책의 체계와는 근본적으로 다르다.

소설책과 백과사전 콘텐츠의 구조 차이를 생각해보자. 백과사전의 내용은 흩어 놓은 뒤 자유롭게 재구성할 수 있지만 소설은 그렇게 할 수 없다. 시작과 끝이 있고, 같은 키워드라고 하더라도 사용된 위치와 맥락에 따라 다르게 해석될 가능성이 크다. 소설은 흩어 놓거나 전체 맥락과 분리된 '부분'을 이해하는 것이 불가능한 구조이다. 백과사전의 경우에는 키워드 검색 결과만으로도 내용 이해에 별다른 문제가 없지만 소설의 경우 전체 맥락과 분리된 키워드 검색 결과는 의미가 없다. 인터넷 등장 이후 출판업계에서 종이책 발행을 완전히 중단하고 온라인으로만 서비스하겠다고 선언한 가장 이른 사례 중의 하나가 브리태니커 백과사전이 된 데는 이런 백과사전의 특성도 중요하게 작용했을 것이다.[4]

책의 목차와 같은 체계를 가지지 않는 온라인에 올라와 있는 지식과 정보에 접근하는 가장 일반적인 방식은 '검색'과 '내비게이션' 이다. 검색은 흔히 키워드로 이루어지며 내비게이션은 링크를 따라 진행된다. 키워드 검색의 결과는 리스트 형식으로 표시되는데, 검색 결과의 종합은 '몇 건이 검색되었다' 이상을 보여주지 못한다. 비록 제한적이긴 하지만 목차와 내용 요약의 방법으로 지식과 정보를 종합해줄 수 있는 종이책과 달리 인터넷의 지식과 정보는 종합(검색 결과의 종합)이 불가능하다.

구글 북스처럼, 책의 본문 내용을 검색 대상으로 할 경우에는 더 지독한 문제가 발생한다. 모든 책의 콘텐츠 구조는 백과사전의 구조와 소설의 구조를 양 끝으로 하는 스펙트럼 상의 어느 지점에 위치한다. 책은 1페이지부터 마지막 페이지까지, 엄격함(소설)과 엉성함(백과사전)의 정도 차이가 있을 뿐, 일관된 맥락을 가지게 된다. 책 전체가 엄격한 맥락을 가지지 않는 여러 저자의 글을 모아 놓은 편집서라도 개별 장과 절에서는 역시 내용의 구조와 흐름을 가지는데, 현재의 키워드 검색은 이와 같은 전체 콘텐츠의 구조와 맥락을 검색 결과에 표시하지 못한다.

책의 본문을 검색 대상으로 하더라도 검색의 결과는 낱낱으로 흩어져 있는 인터넷 콘텐츠의 검색 결과와 동일한 방식, 즉 구조적인 체계가 없고 전체 결과의 종합(책의 목차와 같은)을 보여주지 못하는 '리스트 형태'로 출력된다. 리스트에 포함되어 있는 개별 검색 결과들의 관계는 알 수 없으며, 검색 결과의 해석을 위한 배경이 될 '맥락' 역시 알 수 없다.

구글 북스의 키워드 검색 결과처럼, 낱낱의 결과를 리스트 형식으로 줄을 세워 늘어놓는 방식으로는, 우리가 '읽을' 수 없다. 현재 구글 북스에서 보여주는 개별 책 본문 안에서의 검색 결과는, 키워드가 포함되어 있는 본문의 해당 페이지를 개별적으로 열어 보아야 하는 방식이다. 맥락을 읽을 수 없는 이런 키워드 검색 방법으로 3천만 권의 본문을 검색하는 것은 잠도 안자고, 먹지도 않고, 놀지도 않으며 오로지 빅데이터를 엄청난 연산 속도로 섭렵하며 학습하는 인공지능에게는 의미가 있을 수 있겠으나 우리에게는 의미가 없다.

현재 키워드 검색 결과를 출력해주는 검색 엔진들(네이버, 다음뿐만 아니라 구글 역시)이 검색 결과를 출력해주는 방법이 개선되어야 하지만 아직 별다른 아이디어는 없는 것 같다. 구글 북스 역시 단순히 검색 결과를 출력하는 방법뿐만 아니라, 검색 방법을 개선해야 하지만 역시.별다른 아이디어가 없어 보인다. 2011년에 서비스가 공개된 구글 엔그램은 6년이 지난 지금까지 동일한 방법으로 검색 결과를 출력해주고 있으며, 구글 북스의 검색 결과를 보여주는 방법 역시 변한 것이 없다.

수천만 권을 대상으로, 키워드 검색과 키워드가 등장하는 페이지를 낱장으로 접근할 수 있게 표시하는 방식으로 책에 담긴 지식과 정보를 읽는 이 낡은 방식을 어떻게 넘어설 수 있을까? 구글 북스의 전자책조차도 웹 사이트 검색하듯 사용하는 오서가 놓칠 가능성이 있는 맥락까지 읽을 수 있는 방법은 무엇일까?

구글 엔그램은 3천만 권을 하나의 맥락에서 '거리두고 읽는' 즉, 전체를 조망하며 읽는 미래의 초기 모습이라고 할 수 있다. 즉, 구글 엔그램은 수천만 권의 책을 읽기 위해 인공지능과 인간이 협업하는 방법의 초기 모델이라고 할 수 있다. 앞으로 우리는 제한된 범위의 텍스트를 세밀하고 꼼꼼히 반복적으로 읽는 방법과 수천만 권을 적당한 거리를 두고 읽는 방법 모두를 추구할 가능성이 크다.

미래에는 수천만 권의 책에 담긴 지식과 정보를 종합하여 표시하거나 전송할 수 있는 인공지능과 인간 사이에 새로운 협업 모델이 등장할 것이다. 그리고 새로운 하드웨어가 등장하고, 인간의 인지시스템과 인공의 인지시스템을 연결하는 새로운 인터페이스 기술들이 등장할 것이다.

아직까지 우리는 디지털 형태로 저장되어 있는 대량의 텍스트를 읽어 내기 위해서 소프트웨어 또는 하드웨어와 어떻게 협업하는 것이 좋을지, 그 적절한 방법에 대해서 잘 알지 못한다. 구글 엔그램의 서비스는 생물학적 인간의 뇌로는 감당하기 어려운, 수백만 권의 본문 전체를 다루며 수백 년 동안의 변화 트랜드를 읽어내려는 시도를 막 시작한 서비스이다. 우리의 미래 세대는 이를 발전시켜 수천만 권의 책을 읽기 위해서 인공지능과 협업할 방법을 발견하고 개발하게 될 것이다.

우리는 이제 겨우(?) 3천만 권이 소장되어 있는 디지털 도서관을 언제 어디서든 이용할 수 있게 되었지만, 우리의 아이들은 서로 다른 언어를 자동 번역하는 1억 권이 넘는 책을 소장한 도서관을 갖게 될 것이다. 그(것)들은 점점 더 정교하게 읽을 것이다. 생물학적인 인간은 접근하지 못하는 앎의 수준까지 그(것)들은 도달하게 될 것이다. 우리 인간에게는 복잡성이 끝없이 증가하는 현상이, 그(것)들에게는 성장을 위한, 오류를 줄이기 위해 활용할 수 있는 자원이 풍부해지는 현상으로 받아들여질 것이다.

우리 인간은 하루에 한 권씩 60년 동안 쉬지 않고 읽어도 2만 권 정도를 읽을 수 있을 뿐이다. 지금 가지고 있는 3천만 권의 디지털 콘텐츠 전체를 대상으로 세밀하면서도 동시에 거리를 두고 전체를 읽는 방법을 찾아낼 수 있다면 인간의 앎은 새로운 차원을 경험하게 될 것이다. 인간의 생물학적 뇌로는 불가능한 인지 활동이다. 인공지능과 협업해야 할 것이다. 미래의 누군가 적절한 방법을 고안한다면 외부 저장 매체와 인간이 협업하는 방법 역시 변화할 것이다.

무엇인가를 기억하여 저장하고, 검색하여 추출해내는 일상적인 인지 활동을 인공지능과 협업하게 된다면 학교에서의 시험은 어떤 모습으로 바뀔까? 모두 오픈북(물론 종이책만이 아닌 모든 종류의 인공물을 휴대할 수 있는) 시험으로 바뀌게 될까? 결국 인간의 능력을 측정하고 평가하는 방법 역시 바뀔 것이 자명해 보인다. 어떻게 바꾸어야 할지를 설계하는 능력이 바로, 현재의 우리와 미래의 인간들에게 필요한 교육적 능력이 될 것이다.

도구의 역할을 바꾸는
능력

학교라는 도구에 대해서 생각해보자. 대한민국 국민 대부분이 만족하지 못함에도 불구하고 현재의 학교 시스템을 개선하지 못하는 이유는 분명하다. 새로운 학교 시스템을 설계할 능력을 가진 인재가 없기 때문이다. 세상의 모든 도구는, 누군가는 설계(개발)하고 누군가는 사용한다. DIY처럼 이 둘이 같아지는 경우도 있지만 대부분은 다르다.(물론 설계자의 입장에서 보면, 그들에게는 설계가 곧 사용이다.) 현재의 대중교육 시스템을 상징하는 학교 역시 도구이므로, 누군가는 학교 시스템을 설계하고 누군가는 학교 시스템을 사용한다. 현재 우리에게 필요한 인재 그리고 미래에도 필요한 인재는 학교 시스템을 설계하는 능력을 가진 인재이다. 학교 시스템을 둘러싼 무수히 많은 문제들을 발견하고 그것을 해결해 나가며, 학교 시스템을 개선하거나 문제를 해결하기 위한 새로운 학교 시스템을 설계하고 개발하는 능력을 가진 미래 인재가 필요하다. 아마도 미래의 어느 순간에 나타날 그 인재는 학교라는 도구를 상호작용적으로 사용하는 능력이 있는 인재일 가능성이 크다.

학교라는 도구를 새로운 방법으로 사용하는 사례를 살펴보자.

근래 등장한 미네르바 스쿨을 비롯한 새로운 형식의 학교는 '학교라는 도구를 설계하는 능력'이 얼마나 중요한지를 보여준다. 미국에서 만들어진 미네르바 스쿨은 4년제 졸업장을 주는 정규 학교이면서 벤처이기도 하다. 2011년 학교 설립 계획을 만든 뒤 2,500만달러를 투자 받아 2012년에 학교 법인을 설립하고, 2014년에 첫 신입생을 받을 즈음 추가로 7,000만달러를 투자 받았다.

미네르바 스쿨이라는 이름으로 새로운 대학을 설계한 벤 넬슨Ben Nelson은 땅을 매입하고 건물을 세워 캠퍼스를 만들던 전통적인 대학과는 달리 온라인 수업을 위한 소프트웨어 플랫폼을 개발하고 기숙사를 준비했다. 미네르바 스쿨은 전 세계에서 학생을 모집하며 입학생 모두는 기숙사 생활을 해야 한다. 기숙사는 전 세계 7개 도시에 만들어지고 있다. 입학 첫해에 샌프란시스코의 본사 기숙사에서 생활한 뒤 학기마다 전 세계 6개 도시에 위치한 기숙사를 옮겨 다니며 생활하게 된다. 수업은 모두 온라인으로 진행되고, 교수는 자유롭게 본인이 원하는 곳에서 수업을 진행한다. 학생을 위한 기숙사는 존재하지만 교수 연구실과 수업을 위한 캠퍼스는 존재하지 않는다. 온라인으로 수업이 진행되기 때문에, 모든 수업은 녹화되고, 녹화된 수업을 평가하여 수업의 질을 관리하여 '가르치는 사람의 자율성과 수업의 평가'라는, 양립하기 어려운 것을 움켜쥐었다. 2014년 첫 신입생을 받을 즈음에 두번째 투자 유치에 성공하고, 2016년에는 전 세계에서 1만명이 넘는 학생들이 입학원서를 접수했다. 물론 이제 막 시작한 미네르바 스쿨이 성공할지, 얼마나 오랫동안 신입생을 모집하고 학교를 운영할 수 있을지는 더 지켜봐야 할 것이다. 그러나 그들이 학교라는 도구를 사용하는 근본적으로 새로운 방법은 우리나라의 학교 시스템을 개선하기 위한 과정에서 중요한 참고 사례가 될 수 있다.

왓슨이라는 걸출한 인공지능 시스템을 개발하여 운영 중인 IBM은 미래에 학생을 가장 잘 이해하는 존재는 '학교 건물'이 될 것이라고 전망한다. 예를 들어, 건물은 시험지에 쓰인 문제풀이 결과에 따라 학생의 수준을 평가하는 대신, 교사의 질문에 답변하는 학생의 목소리 데이터를 이용하여 학생을 분석할 수 있다. 학생들 사이에서 벌어지는 토론 역시 학생의 수준과 관심을 확인하는 기준이 될 수 있고, 분석 결과를 바탕으로 학생별로 추가로 학습할 내용과 과제가 제공될 수 있다. 조금 우울한 상상이기는 하지만, 거대한 콘크리트 건물 구석 구석에 설치된 다양한 센서들이 학생의 온갖 데이터를 수집하여 왓슨에게 전송하고, 왓슨이 학교 시스템을 통제하는 미래를 전망하는 것이다. 감옥 건물에 더 어울릴 것 같은 IBM의 계획과 전망을 모두 긍정할 수는 없지만, 결국 학교 시스템을 개선하기 위해서 필요한 인재는 발달하는 기술을 활용하면서도 가장 교육적으로 탁월한 학교 시스템을 설계하는 능력을 가진 사람이다. 즉 학교라는 도구를 상호작용적으로 사용하는 능력을 가진 인재가 필요한 것이다.

미네르바 스쿨이 사업계획을 마련하고 초기 투자로 2,500만달러를 모았던 2011년에 우리나라에서는 '스마트교육 정책'이 발표되었다. 초중고등학생 모두가 디지털 교과서를 사용하게 하자는 야심찬 계획이었다. 그후 미네르바 스쿨이 추가로 7,000만달러 투자 유치에 성공하며 전 세계에서 성공적으로 신입생을 모집하기 시작한 2014년에, 한국의 디지털 교과서 정책은 규모가 축소되고 2015년 이후에는 유명무실해졌다. 디지털 교과서에 관한 정책은 계획이 발표된 지 6개월만에, 디지털 교과서가 국가 수준에서 교육 과정의 요체라고 할 수 있는 '교과서'의 대체재가 될 수 없다는 반박에 한 발짝 물러서 '보완재'로 사용하도록 계획을 변경했다. 2012년 초에는 디지털 교과서의 교육 효과가 불분명해 보인다고 판단된 과목을 배제한 뒤 소수의 과목으로 제한하기로 했다. 나아가 검인정의 평가 대상이 될 수 없는 기능들은 배제하도록 했다. 결국 2012년 말 당시 발행되고 있는 종이 교과서의 내용과 형식을 가능한 한 그대로 유지하며 개발해야 검인정의 대상이 될 수 있는 것으로 결정이 났다. 결국 우리나라 기상청과 미국 국립해양대기청NOAA의 실시간 데이터를 가져와 기후변화 수업을 진행할 수 있도록 준비했던 과학 디지털 교과서 계획은 'NOAA와 기상청 데이터는 검인정의 대상이 될 수 없다'는 이유로 배제되었다. 구글 지도, 네이버 지도 등의 외부 지도 서비스를 이용해 역사와 지리를 가르치려던 시도 역시 '외부 서비스와 데이터는 검인정의 대상이 될 수 없다'는 이유로 배제되었다.

2013년에 종이교과서와 (거의) 동일한 내용과 비슷한 형식을 가진 과학과 사회 교과서가 디지털 교과서로 개발되었지만, 2014년에 소수의 제한된 학교에서만 사용이 허가되었으며, 2015년과 2016년에도 여전히 사용이 허가된 학교는 전체적으로 얼마 되지 않는다.

어린 자녀들이 가방에 넣어 다니는 종이 교과서를 보며, 대부분의 어른들은 '아… 언제까지 이런 걸로 배워야 하나'라고 생각하지만, 새로운 교과서를 설계하려는 노력은 성공하지 못하고 있다. 2016년부터 알파고 시대에 대비하는 미래의 인재 양성 시스템에 대해서 논의하는 정부 T/F들이 만들어지고 있지만, 여전히 알파고 시대를 살아갈 아이들에게 제공하는 경험은 종이 교과서로 제한되어 있다. 지금과는 다른 방식으로, 학교와 교과서로 대표되는 대중교육 시스템을 설계할 수 있는 인재, 즉 '학교라는 도구를 상호작용적으로 사용(설계)하는 능력이 훌륭한 인재'가 필요하다.

인간과 결합하는 도구를
사용하는 능력

　도구(사물)는 결국 우리와 인지적으로 그리고 육체적으로 결합할
것이다. 이렇게 도구가 인간에 체화Embeddedness된 미래에는 인간과
결합한 사물과 인간을 통합하는 하이브리드 운영체제가 준비될 것
이다. 그 운영체제 이름이 '공각기동대'의 쿠사나기와 그녀의 동료들
이 사용하던 '전뇌공간'이라고 불리게 될지도 모른다. 인간과 인공
물 사이의 의사소통을 위한 플랫폼을 지향하는 IBM의 왓슨이 미
래 하이브리드 세계의 운영체계 초기 모습일 수도 있고, 인간의 언
어체계를 인공물과 인간 사이의 의사소통을 위한 인터페이스, 즉
플랫폼으로 사용하겠다고 강조하는 마이크로소프트의 코타나가
그 예가 될 수도 있다.

　몇 년 전에 세상을 소란스럽게 만든 사건이 있었다. 2010년 3월

미국 의회에서 새로운 건강보험 제도를 추진하기 위해 전 국민에게 베리칩Verichip을 강제 이식하도록 하는 '건강보험개혁법'을 통과시켰다는 소문이 돌았다.[5] 2013년까지 베리칩 이식 준비 기간을 갖고 2016년까지의 유예기간을 거쳐 2017년 1월 1일부터 전면 시행하겠다는 내용이었다. 베리칩이라 불리는 쌀알 크기의 작은 인공물은 '확인용 칩Verification Chip'의 약어로 내부 저장 공간을 갖고 있으면서 RFID로 통신하는 무선주파수 발생기의 일종이다.

베리칩을 개발한 회사에서는 이 칩에 기본적으로 개인의 신분을 확인할 수 있는 유전자 정보 또는 고유 번호를 저장해 개인 식별 장치로 사용할 수 있을 것이라고 제안했다. 이 칩은 주사기로 간단하게 인체에 주입할 수 있으며, 별도의 제거 수술을 받지 않는 한 몸속에 영원히 남아 작동하는 것으로 알려졌다.

이 칩은 무선통신으로 데이터를 전송할 수 있는 능력을 갖고 있어 개인 정보가 저장된 외부의 데이터베이스와 연결되는 순간, 개인에 대한 기본적인 정보뿐 아니라 연결된 데이터베이스에 저장되어 있는 모든 정보를 수월하게 확인할 수 있다. 거기에는 금융 거래 정보, 유전자와 같은 생체 정보, 질환 및 진료 기록과 같은 의료 정보 등이 포함될 수 있다. GPS 데이터를 이용한 위치 추적 시스템과 연결되면 언제 어디서든 개인의 위치 추적도 가능해진다.

베리칩과 같은 이식 가능한 개인 식별용 장치가 상용화되는 미래 사회는 어떤 모습일까? 보통사람들에게는 생각하기조차 싫은 디스토피아일 것이다. 하지만 베리칩을 몸속에 이식하는 미래가, 추구해야 할 유토피아인 사람들이 있다. 예를 들어 당뇨병을 앓는 환자에게

몸속에 심을 수 있는 '혈중포도당 농도 자동 측정 장치'가 만들어
내는 미래는 유토피아이다. 심장 수술을 받은 환자에게 심장박동수
를 안정적이고 손쉽게 모니터링해주는 사물을 몸에 이식할 수 있는
미래는 '추구해야 할 지향점'이다. 나이 든 부모를 원격지에 모셔야
하는 현대인에게 밤새 부모님의 혈압, 심장 박동수, 혈중산소 포화도
를 측정해 실시간으로 전송해줄 수 있는 사물은 세계를 좀 더 평화
롭게 만들어주는 사물이지 디스토피아의 문을 여는 악마가 아니다.

다양한 영역에서 세계를 보다 평화롭고 풍요롭게 만들기 위한 목
적으로 이식 가능한 사물 즉, 체화할 수 있는 사물이 개발되고 있다.
투자가 늘고 있으며 기술 발전 속도가 점점 빨라지고 있다.

미래의 학생 또는 우리는 인지 능력을 향상시키기 위해서는 어떤
사물이 이식될까?

은하수를 여행하는 히치하이커가 귀 속에 넣은 우주의 모든 언어
를 자동번역해주는 벌레, 바벨 피시Babel Fish를 대신할, 블루투스 이
어폰처럼 귀에 꽂으면 일상언어를 실시간 자동 번역해주는 도구가
대표적인 예가 될 것이다. 2016년 5월 인디고고Indiegogo에서 진행한
예약 주문 이벤트에서 목표 대비 3000%의 예약 주문으로 약 300만
달러의 선주문 매출을 기록한 웨이버리랩스Waverly Labs의 귀에 꽂는
자동번역 이어폰 파일럿Pilot은 2017년에 공식 출시될 것이라고 한
다. 이 때도 '(알아서 자동 번역해주는) 스마트한 도구의 사용은 자라
는 세대의 인지 능력 발달을 저해할 것'이라는 주장과 '새로운 기술
을 활용하는 능력은 어릴 때부터 익히는 것이 중요하다'는 관점이
충돌하며 논쟁하게 될까?

개발해야 할 역량이 무엇인지에 따라 도구 사용에 대한 원칙이 다양해질 필요가 있다. 예를 들어, 고급의 언어 사용 능력을 높은 수준까지 발달시켜야 하는 인재는 고전문학을 원전으로 읽으며 교육받고, 자동번역기 사용을 제한할 필요가 있을 것이다. 이와 달리, 서로 다른 문화권의 사람들 사이의 상호작용을 효율적으로 관리하는 능력을 키워야 하는 인재는 자동번역기를 사용해서라도 다양한 문화에 대한 이해의 수준을 효율적으로 높여야 할 것이다.

인간의 자연적 상태에 언어 등의 추상적 인공물, 책과 같은 물리적 인공물을 체화하는 것이 사회화 과정이라면 이 과정은 자연적으로 존재하는 인간의 뇌와 몸에 인공물⁶로서의 언어, 개념, 그리고 도구를 체화하는 과정이라고 할 수 있다. 이 과정에서 인공적인 것들이 자연적인 인간의 존재에 끼어들어가게 만드는 것이 사회화를 담당하는 사회 시스템의 역할이라고 할 수 있다.

인공적인 것과 자연적인 것이 뒤섞여 이종 결합한 시스템을 구축하는 과정이 학습이고, 학습을 조작하는 과정이 교육이다. 예를 들어, 교실 수업은 지식뿐 아니라 표준적인 사회 구성원으로서 가져야 할 태도를 학생에게 체화하려는 활동이다. 예를 들어 '앞에서 말을 하면 듣는다'와 같은 규칙을 학습자에게 체화하도록 한다. 체화를 가르치는 사람이 주도하는지, 배우는 사람이 주도하는지의 차이가 있을 뿐 교육의 핵심 목적은 인공물의 체화 즉 인공물을 상호작용적으로 사용할 수 있는 능력을 기르는 것이고, 이는 하이브리드 운영체제를 확보하는 것이라 할 수 있다.

지금까지 인간의 사회화 과정에서 다루는 인공물은 대부분 지식과 정보, 태도와 정서 등 심리적·개념적 인공물이었다. 실제 교육이 이루어지는 사회화 과정에서 '책'과 '문자' 같은 물리적 인공물의 체화는 필수적 과정임에도 불구하고, 교육에서는 물리적 실체를 가진 인공물을 부차적 존재로 다루며 관심을 두지 않았다. 예를 들어 가장 중요한 도구인 교과서의 내용을 어떻게 구성할 것인지를 다루는 학문은 교육학의 탐구 범위 내에 있지만, 책의 물리적 형식에 대한 탐구는 전통적인 의미에서의 교육학의 범위 밖이다.

앞으로는 인공의 인지시스템과 연결된 '생각하는 사물'의 체화가 지금까지와는 다른 수준에서 광범위하게 진행될 가능성이 있다. 인간의 인지시스템에게까지 영향을 미치게 될 것이기 때문이다.

생각하는 사물의 체화가 광범위하게 진행되기 전에,
독자적인 인지시스템을 확보한/확보하게 될
'생각하는 사물'과 인간의 관계에 대해,
수단이나 도구의 관점이 아니라 파트너의 관점이 반영된,
인간을 위해 사물을 사용할 수 있게 만들어주는
사유의 틀이 준비되어야 한다.

받아들이기는 쉽지 않겠지만 생명공학적 강화 기술의 사용 역시 이 범위 안에서 다루어야 할 것이다.

도구에 의한 변화를
수용하는 능력

무언가 지식이 필요할 때 찾는 사물 중 가장 광범위하게 사용해
온 사물은 '종이책'이다. 이 종이책이 구석구석 퍼져 나가는 데 얼마
나 걸렸을까? 지역을 유럽으로 제한해도 수십년을 넘어 백년 단위
의 시간이 걸렸다. 종이책이 여러 세대를 거쳐가며 인간들의 삶에
들어오는 동안, 종이책을 접해본 적이 없는 할아버지 할머니와 종이
책으로 공부하는 손자 손녀가 함께 살았을 것이다. 그러나 스마트폰
이 모든 세대의 필수품이 되는 데까지는 10년이 채 걸리지 않았다.
스마트폰은 이제 사용하지 않는 사람이 이상해 보일 만큼 널리 사
용된다. 짧은 시간에 이렇게 광범위하게 퍼진 도구가 인류 역사에서
또 있었을까 싶을 만큼 굉장한 속도로 퍼졌다. 시간과 공간을 압축
하는 기술은 우리 인류의 세대 간 지식과 정보의 전승에도 영향을
미친다.

스마트폰을 사용하며 공부해본 경험이 없는 세대가 자식 세대가 스마트폰을 이용해 공부하는 문제에 대해서 어떤 의사결정을 할 수 있을까? 읽고 쓰고 말하고 듣는 능력의 증진에 집중하는 것이, 불확실한 미래의 성공을 위해서 가장 중요한 것이라고 판단하고 있는 우리 세대의 경험과 (사회적 수준에서의 교육 시스템 운영 등의) 계획, (학생 평가 및 선발 과정에서의) 의사결정이 인공지능 시대를 살아갈 우리 아이들의 삶에 충분히 긍정적일까?

어릴 때 스마트폰을 사용하면 인지 발달 과정에서 어떤 현상이 발생하는지 우리는 아직 충분히 알지 못한다. 인간에게 발생하는 효과를 대상으로 자유롭게 실험할 수도 없으니 우리는 영원히 알아내지 못할 수도 있다. 미래를 살아갈 우리의 아이들이 어떤 일을 하며 어떤 도구를 주로 사용하게 될지 분명하게 알 수는 없지만, 도구를 상호작용적으로 사용하는 능력이 핵심적인 능력이 될 것이라는 점은 의심의 여지가 없다. 이 때 우리에게 가장 필요한 태도는 도구에 의해서 우리가 변화한다는 사실을 받아들이는 것이다.

도구와 상호작용하는 과정에서 도구에 의해서 우리가 변화하는 상황의 예를 살펴보자.

2014년 12월 생물학저널 〈커런트 바이올로지Current Biology〉에 스마트폰 사용 경험이 사람의 뇌를 바꾼다는 연구[7] 결과가 발표되었다. 스위스 취리히 대학 연구진은 스마트폰 사용자 26명과 구식 휴대전화 사용자 11명을 대상으로 뇌파를 검사해보았다. 검사 결과 스마트폰 사용자는 바이올린을 다루는 음악가처럼 뇌가 손가락 움직임에 적응된 것으로 나타났다고 한다.

연구진은 실험을 위해 참가자들 머리에 60여 개의 전극을 부착한 뒤 뇌와 손 사이의 신경을 통해 오가는 전기 신호를 측정해서 손가락의 움직임이 뇌의 특정 영역을 어떻게 활성화하는지를 살펴보았다. 그 결과 스마트폰 사용자들은 구식 휴대전화 사용자들에 비해 엄지와 검지 및 중지의 터치에 대응해 뇌의 활동이 더 활발한 것으로 나타났다. 연구진은 이와 같은 현상을, 사용자들이 얼마나 자주 스마트폰의 터치스크린을 사용했는지와 관련이 있어 보인다고 해석했다. 즉 터치스크린으로 사용하는 스마트폰을 자주 사용할수록 뇌의 특정 영역의 활동이 더 많아졌고 이에 따라 뇌가 변화했다는 것이다.

프로 바이올린 연주자는 바이올린을 연주하는 손가락과 연결된 뇌의 영역이 일반인들에 비해 크다고 한다. 원래 뇌의 해당 영역이 큰 사람이 프로 바이올린 연주자가 될 수 있었다고 설명하기보다는 그 반대, 즉 바이올린을 오래 연주한 경험이 뇌의 특정 부분을 발달시켰다고 해석하는 것이 더 적절할 것이다. 뇌는 멈추어 있지 않고 꾸준히 변화한다고 알려져 있기 때문이다.

사물의 사용 경험이 우리를 어떻게 변화시키는지를 알려주는 연구를 발견하기는 쉽지 않다. 사물 사용 경험이 쉼없이 변화할 뿐만 아니라, 수없이 많은 사물과 상호작용하며 생활하기 때문에 특정 사물의 효과를 분리해 밝혀 내기가 매우 어렵기 때문이다.

스위스 취리히 대학 연구팀의 연구는 스마트폰의 전체적인 특징이 아니라 손가락 움직임Fingertips in Touchscreen Phone이 뇌에 어떤 차이를 만들어내는지를 밝히는 데 집중한 연구이다. 이 연구의 관점을 확장해보면 종이책 독서 경험 역시 우리 뇌를 변화시켰을 것이다. 종이책은 약 200여년 전까지만 해도 사람들에게 그렇게 일상적인 사물이 아니었다. 종이책은 구텐베르크 인쇄술이 광범위하게 전파된 이후, 우리나라의 경우는 일제강점기와 6·25 전쟁을 거치면서 일상적인 사물이 되었다.

하루 종일 종이책을 읽는 새로운 경험은 그 이전과는 다른 뇌를 형성했을 것이다. 일제강점기를 전후해서 시작된 대중교육 시스템이 확장되면서 '문자텍스트가 기록된 종이책'은 무언가 정보가 필요할 때 찾는 가장 흔한 사물이 되었다. 스마트폰에서의 손가락 사용 경험이 뇌를 변화시켰듯이 종이책을 읽는 독서 경험 역시 뇌를 변화시켰을 것이다.

아마도 뇌에서 가장 활성화된 영역은 '눈과 연결된 영역'이 아닐까? 종이책을 읽을 때의 상황은 쉽게 상상해볼 수 있다. 이 책을 읽고 있는 현재 모습을 생각해보라. 일단 눈동자가 기민하게 움직여야 한다. 적당한 범위 안의 시야에 집중하며 나머지 영역에서 진입하는 정보는 배제해야 한다. 청각, 촉각, 후각 등의 여타 다른 감각 기능을 둔감하게 만들고 오직 시각과 관련된 자원을 최대치로 확보해야 한다.

눈동자를 움직여가며 확보하는 문자 텍스트를 뇌에 저장되어 있는 정보들과 연결시키며 장기 기억에 잠겨 있는 정보를 끌어내야 한다. 그래야만 행간에 숨어 있는 의미를 읽으며 기뻐할 수 있고, 계속 책을 읽어 나갈 수 있다. 따분한 이론서가 아니라면 감정과 정서 역시 소환해야 한다. 이론서일 경우에는 감정과 정서를 억눌러야 한다. 놀러 나가고 싶은 기분을 눌러 앉혀야 읽을 수 있다.

독서에 익숙해지면 책을 펴는 순간 이 과정이 자동적으로 진행된다. 자동화되지 않는다면 매번 책을 읽을 때마다 상상도 하기 싫을 만큼 끔찍한 매우 고된 노동을 경험하게 될 것이다. 책을 읽는 과정의 모든 단계마다 차례차례 짚어가며 해야 하는 일이 된다면 얼마 하지 못하고 멈추게 될 것이다. 독서는 상당히 오랜 기간 동안의 훈련을 통해 뇌가 적응되어야 안정적으로 진행할 수 있는 활동이다.

스마트폰 사용은 사용자의 뇌를 변화시킨다. 뇌에 대한 전통적인 입장은 성장을 다한 뇌는 뉴런 등의 뇌세포가 변화를 멈추고 안정화한다는 관점이었다. 그러나 근래의 뇌과학 연구 결과들은 뇌가 학습이나 여타의 경험에 따라 꾸준히 변화하는 특성을 가지고 있음을 밝혀내고 있다. 이와 같은 뇌의 특성을 뇌 가소성Brain Plasticity 또는 신경 가소성Neuro Plasticity이라고 부른다.

우리는
우리가 생각하는 방법이
종이책(을 읽는 경험)에 의해 얼마나 영향을 받(았)는지에 대해
생각하지 않는다. 이는 매우 어려운 사고에 해당한다.
우리의 뇌로,
무언가가 뇌를 어떻게 변화시키는지를
그것에 의해서 변화한 뇌로

생각해야 하기 때문이다.

'한바구니의 역설'이다. 종이책과 마찬가지로 우리는 뇌가 변화하는 줄 모르는 채로 스마트폰을 사용한다. 우리 주위에 나타나게 될 다양한 '생각하는 사물'도 역시 우리를 변화시킬 것이다. 이러한 변화 중 인지 영역에서 발생하는 변화는 우리 생각의 대상으로 다루는 것이 매우 어렵다는 점에서 위험하지만, 이 문제에 대응할 만한 뾰족한 방법이 우리에게는 아직 없다.

우리는
10억 명이 넘는
사람들의 사회관계를
'페이스북만의 알고리즘으로 재구성하고' 있음에도 불구하고
그러한 재구성을
별다른 생각 없이 받아들인다.

구글 검색엔진도 유사하다. 구글 검색엔진이 보여주는 검색 결과는 '구글만의 알고리즘에 의해 해석되고 판단된 결과'이다. 역시 구글 검색엔진이 정리정돈하는 데이터는 우리 인간이 감당하기 어려운 양과 복잡성을 가지기 때문에 구글 검색엔진 같은 (생각하는) 사물에 의존하게 된다.

우리는

그러한 의존이 우리를 변화시키고 있음에도 불구하고

우리의 변화를

사유 대상으로 삼기 어렵다. 구글과 페이스북의 알고리즘이

우리 생각과 한바구니에 담겨 있기 때문이다.

사물에 의해서 변화한 생각을

그렇게 변화해버린 우리의 생각으로

어떻게 다룰 수 있을까?

스마트폰으로 다시 돌아가보자. 스마트폰은 사용자의 뇌를 변화시키기 위해 개발된 사물이 아니다. 뇌가 변화하는 현상은 스마트폰과 같은 사물이 제공하는 부가적 효과이다. 우리는 수많은 사물이 발생시키는 부가적인 효과에 노출되어 있음에도 불구하고 우리는 이 부가적 효과에 노출되어 있는지 모른 채로 생활한다. 사물이 생각의 주인인 우리(의 뇌)를 변화시키기 때문이다.

우리는

우리 스스로가 생각해서 결정하고 선택한다고 생각하겠지만

우리는

우리 주위의 수많은 사물이 제공하는 부가적 효과에 영향을 받아서

의사결정하고 생각하는 존재이다.

종이책에 의해서 일어났을 가능성이 있는 생각의 변화에 대해서 생각해보자.

종이책은 웹에서의 서핑처럼 자유롭게 점프하면서 사용할(읽을) 수는 없다. 거의 모든 책은 왼쪽 위에서 오른쪽 아래를 향해 한줄씩 읽어나가야 한다. 한 단어에서 다음 단어로, 한 줄에서 다음 줄로, 한 페이지에서 다음 페이지로 차례차례 이어서 읽어야 한다. 저자도 차례차례 한 줄씩 책을 써 나가야 하고 독자 역시 같은 방식으로 차례차례 읽어 나가야 한다. 하나의 선을 따라가듯 이어져 가야 한다. 선을 벗어나거나 단계를 점프해서 나아가면 맥락을 벗어나게 된다.

맥락을 벗어나게 되면 정확하게 이해하지 못할 뿐만 아니라 심지어는 완전히 잘못 이해할 가능성도 있다. 먼저 읽으면서 접한 내용을 잊어서도 안 된다. 지나온 곳에서 발견한 정보들을, 새롭게 나타나는 정보와 조합하며 차례차례 쌓아 올리며 읽어 나가야 한다. 이 독서의 과정을 통해 단선적이고 선형적이며 더 나아가 인과적인 정보 해독 과정이 내면화된다. 근대 이후 우리가 생각하는 방법, 우리의 합리성은 이렇게 종이책에 의해 만들어졌다. 닭이 먼저인지 달걀이 먼저인지의 문제와 유사한 논란이 제기될 수는 있지만, 인쇄출판미디어는 근대 이후의 합리성을 만든 주인공이라고 할 수 있다.

인쇄출판미디어를 더 빠르고 정확하게 독해하기 위해서는 선형적으로 사고하는 능력을 강화해야 한다. 선형적 사고 능력과 인쇄출판미디어는 상호작용하며 서로를 강화하면서, 근대적 인간, 그리고 핵심적 파트너로서의 종이책 또는 종이와 문자 텍스트를 기반으로 하는 사회 체제를 구축한 것이다.

이런 관점에서 보면 디지털 텍스트가 기존 교육 체계에서 수월하게 자리 잡지 못하는 이유는 분명하다. 현재의 교육 체계에서 의사결정을 담당하는 지위에 오른 사람들은 종이책에 의해 변화된 인간들 중에서도 가장 성공적으로 변화하여 적응한 사람들이기 때문이다. 디지털 텍스트 특히 하이퍼미디어 방식의 디지털 텍스트는 이들에게 불편한, 심지어는 정보의 저장과 전달, 세대간 전승의 역할을 담당하기에는 부적절한 사물로 인식될 수 있다.

인공의 인지시스템과 연결된 미래의 책은 그(것)들이 필요하다고 판단하는 순간이면 어느 때나 내용을 바꿀 것이다. 페이스북이 우리가 볼 화면의 내용을 결정하고, 구글 검색엔진이 검색 결과를 결정하듯이. 멋진 신세계[8]가 될 것이다, 그때가 되면.

그(것)들이,
개인화 서비스의 맥락에서
적응적 서비스의 맥락에서
바꾸는 내용에 대해서 우리는 사유할 수 있을까?

쉽지는 않을 것이다. 그래서 우리에게 진정 필요한 미래의 인재가 가져야 할 능력은 도구에 의한 우리의 변화를 다룰 수 있는 지적 체계를 구축하는 능력이 될 것이다.

도구를 인간과 상호작용하는
행위자로 다루는 능력

인간이 아닌 존재들이 독자적으로 사회적인 역할을 수행하게 될까? 스마트폰처럼 똑똑해 보이는 사물이 등장하기 이전에 이 문제를 풀어보려고 애를 쓴 학자들이 있다. 행위자연결망 이론Actor Network Theory이라는 이름으로 불린 그들의 연구는 '사물은 행위자이다'라는 관점을 지지하도록 도와준다.

문Door을 예로 살펴보자. 세상 어디에나 존재하는 문은 벽으로 구분된 양 측의 장소를 연결하거나 연결을 끊어주는 역할을 한다. 문은 연결해줄 뿐이다. 누구는 이동할 수 있고, 누구는 이동할 수 없는지를 결정하는 역할까지 문에게 맡기지는 않는다. 흔히 그런 결정은 문지기라고 불리는 인간이 담당한다. 미래의 어느 순간, 지나갈 수 있는 존재와 그렇지 않은 존재를 스스로 구분하고 결정하는 역할을 수행하는 문이 나타나기는 하겠지만, 현재의 문은 통과할 수 있는 존재를 결정하도록 설계되지는 않는다.

그런데 문이 설치된 의도와 상관없이 '통과 할 수 있는 존재를 스스로 결정'하는 특수한 사례가 있다. 공기압축 실린더가 설치된, 자동으로 닫히는 문이 예가 될 수 있다. 공기압축 실린더가 설치된 문은 문을 열 때 사용된 힘을 실린더에 저장했다가, 그 실린더에 저장된 힘으로 문이 서서히 닫히도록 설계된 구조를 갖고 있다. 공기압축 실린더는 문을 통과한 다음에 문을 닫기 위해서 일부러 멈추거나, 문이 열린 상태로 방치되거나, 문이 빠르게 닫힐 때 소음이 생기는 등의 불편함을 최소화하려는 목적으로 설계되고 설치된다. 그러나 공기압축 실린더가 설치된 자동문은 문을 열 수 있는 힘, 즉 공기를 압축할 수 있는 힘이 충분하지 않는 어린아이들, 노약자들은 지나가지 못한다. 결국 사전에 의도한 목적은 아니지만, 공기압축 실린더 문이 설치되는 순간 힘이 약한 존재들의 통행을 금지하여 안쪽 공간의 성격을 스스로 바꾼다. 공기압축 실린더 문은 힘이 약한 자들을 통제하는 행위자Actor로 역할하는 것이다.

조금 다른 예일 수 있지만, 페이스북이 스스로 사회적 행위자가 되는 상황을 살펴보자.

지난 2014년 6월 페이스북 코어데이터사이언스 팀Core Data Science Team은 '사회관계망을 통한 대규모 감정 전이의 실험적 증거Experimental evidence of massive-scale emotional contagion through social networks'라는 제목의 논문을 미국 국립과학원회보PNAS에 게재했다.[9] 2012년 1월 11월 18일까지 페이스북 이용자 689,003명의 데이터를 분석한 논문이다.

이들이 실험을 통해 풀어낸 문제는 '정서는 감염되는가?'였다. 페이스북의 연구팀은 약 70만명에 이르는 대규모 사용자를 피험자로 선정해서 개별 사용자의 사용자 화면(뉴스피드)을 조작했다. 그들은 사용자 화면(뉴스피드)에 긍정적인 게시물과 부정적인 게시물을 인위적으로 조작해 제공하는 실험을 진행했다. 논문은 이 조작에 따른 사용자 반응을 분석해 결과를 제시했다. 논문에 따르면 긍정적인 단어가 줄어들자 부정적인 단어 사용 횟수가 늘어나고 반대로 부정적 단어가 줄어들자 긍정적 단어 사용 횟수가 늘어났다고 한다. 페이스북에서는 사용자들의 정서가 감염된다는 사실이 확인된 것이다.

이 연구는 한동안 논란이 되었다. 논란의 핵심은 페이스북 사용자=피험자가 모르는 사이에 실험이 이루어졌다는 점이다. 실제로 피험자로 선택된 사용자들에게 사전동의를 얻는 절차가 없었던 것으로 확인되었다. 우리가 모르는 사이에 우리의 화면에 부정적 게시글이 늘어나기도 하고 긍정적 게시글이 늘어나기도 한 것이다. 그 결과 우리는 이유도 모른 채 기분이 좋아졌거나 기분이 나빠졌다. 이 논문의 공동 저자 중 한명인 페이스북 코어데이터 사이언스 팀의 크레이머Adam Kramer는 2014년 6월 29일 자신의 페이스북 페이지[10]를 통해 실험을 진행한 이유(페이스북은 사용자의 정서에 미치는 영향을 염려하고 있었다)를 설명하고 실험 목적을 논문에 정확하게 진술하지 않아서 사용자를 혼란스럽게 한 점을 사과했다.

정서가 감염된다는 사실을 확인한 이 연구 결과가 뉴스피드를 관리하는 페이스북의 알고리즘에 영향을 주었는지는 확인할 수 없다. 단지 이 연구는 크레이머가 페이스북에 기술한 것처럼 '더 나은 서비스를 제공하기 위해'였다고 하고, 그 이유를 들어 사용자에게 사과했다. [11]

더 정확한 정보와 더 적절한 정보를 사용자에게 제공하기 위해 실험을 진행하고, 그 결과에 따라 알고리즘이 설계되고 있는데, 정작 당사자인 우리는 모르고 있다. 그들은 '더 나은 서비스를 제공하기 위한 목적'이라면 사용자 몰래 실험을 진행해도 된다고 생각한 것이다. 이 글을 쓰고 있는 바로 이 순간에도 페이스북은 자신들의 가설을 확인하고 필요한 정보를 확보하기 위해 (논문으로 발표되지 않는 다양한) 실험을 진행하고 있을 것이다.

페이스북은 더 많은 사용자가 더 자주 뉴스피드를 방문하도록 유도하는 전략을 찾기 위해 해당 연구를 진행했을 것이다. 부정적 표현에 많이 노출된 사용자는 긍정적 표현에 노출된 사용자에 비해 뉴스피드 방문 횟수가 줄어들 가능성이 높을 것이다. 물론 반대의 경우도 있을 수 있다. 페이스북은 각각의 경우에 맞추어 사용자의 뉴스피드에 표시되는 정보를 결정할 것이다. 개별 사용자들이 한번이라도 더 페이스북을 방문하도록 하기 위해 말이다.

페이스북이 더 많은 돈을 벌기 위해서는 더 많은 사용자가 더 자주 방문해야 한다. 이 목적을 달성하기 위해 페이스북은 부정적 게시물의 노출을 줄이고 긍정적 게시물의 노출을 늘리는 방향 또는 그 반대 방향으로 개인들에게 맞춤 컨텐츠를 제공하기 위해 알고리즘을 수정했을 가능성이 있다.

개인 정보를 페이스북이라는 사물에게 제공하는 사용자 측에서는 이면에서 발생하는 데이터들의 관계를 감지하기 어렵다. 또한 숨어 있는 그 관계를 굳이 파헤쳐서 이해하려는 마음을 갖기도 어렵다. 과도하게 쏟아지는 정보의 홍수 속에서 무엇인가에 의해 (어떤 규칙을 사용하건) 정리정돈된 '개인별 맞춤 서비스'를 제공받아야 할 필요가 있기 때문이다. 결국 사용자에게는 보이지 않는 이 비가시적인 관계 맺음을 통해 페이스북(그리고 구글)은 개인 사용자에게 최적화된 정보를 제공하고, 사용자는 제공되는 정보에 적응할 것이다. 결국 '왜 이 정보가 나의 타임라인에 올라오는지 그 맥락은 모르는 상태에서' 사용하게 되는 페이스북은 개인 사용자에 대해서는 행위자로 역할한다.

페이스북은 인터넷을 통해 뉴스를 제공하는 전 세계 사이트에서 발생하는 사용자 트래픽의 20%를 차지하며, 매달 10억 명이 넘게 로그인한다. 미국에 거주하는 성인의 30%가 페이스북을 통해 뉴스를 본다.[12] 페이스북의 뉴스피드 알고리즘을 담당하는 리더인 그렉 마라Greg Marra는 개인 사용자의 뉴스피드를 어떤 뉴스로 채울 것인지에 대한 의사결정은 해당 개인의 활동과 관련된 데이터에 의해 이루어지며, "우리는 어떤 콘텐츠를 개별 사용자에게 보여줄지에 관한 편집 의사결정editorial judgment 권한을 갖고 싶어하지 않는다."라고 밝혔다.[13]

사용자가 친구를 맺고 자기가 보고 싶은 콘텐츠를 보고 '좋아요'를 누르고 댓글을 작성하며 만들어낸 행위 데이터에 의존해서 "페이스북 뉴스피드 알고리즘이 편집 의사결정을 할 뿐"이며, "우리는 우리를 명백하게 편집자가 아니라고 생각하기 위해 노력한다."라는 것이 마라의 생각이다. 페이스북의 뉴스피드라는 사물은 매달 10억 명이 넘는 사용자에게 '어떤 뉴스와 어떤 정보를 제공할 것인지'에 대한 의사결정을 한다. 10억 명을 대상으로 독자적으로 의사결정하는 행위자다. 페이스북 알고리즘은 개발자의 입장에서 보면 개발자가 시키는 대로 행위하는 수동적인 도구라고 할 수 있겠지만, 개인 사용자의 입장에서는 독자적인 행위자라고 할 수 있다.

로봇 저널리즘, 센서 저널리즘 등 디지털 기술과 저널리즘의 융합을 시도하는 저널리즘 교육기관인 토우센터의 에밀리 벨Emily Bell 교수는 페이스북의 뉴스피드 알고리즘의 책임자인 마라가 28살 (2016년 기준)에 불과하다고 지적하며, 그가 의사결정하는 알고리즘에 의해 매달 전 세계의 10억 명이 넘는 사용자들에게 뉴스가 전송됨에도 불구하고, 마라 자신은 페이스북 뉴스피드 알고리즘이 '중립적'이라고 믿고 있다고 강조한다.[14]

우리에게 필요한 미래 인재는 인공물, 사물, 도구가 독자적으로 행위하는 행위자일 수 있다는 사실을 인지한 상태에서, 그(것)들을 사회에 통합할 수 있는 안목을 가져야 한다. 말 그대로 도구를 상호작용적으로 사용할 수 있는 능력이 필요하다.

알고리즘까지
읽어내는 능력

인간의 생물학적 인지시스템은 빅 데이터의 규모와 복잡성을 감당할 수 없다. 그래서 빅 데이터에 대한 인공지능의 해석 결과는 인간에게 마치 신탁처럼 전해질 것이다.

페이스북은 사용자 개인에게 최적화된 맞춤 정보를 제공하는 것을 목표로 하고 있다. 이 목표를 구현하기 위해 페이스북은 상상하기 어려울 만큼 많은 양의 데이터를 정리정돈하여 우리에게 제공한다. 우리가 방문할 때마다 화면에 올라오는 정보를 바꾼다.

페이스북이 골라준 화면을 보며, 우리가 맺고 있는 수많은 친구(의 친구)가 등록한 글 중에서 '왜 이 글이 나에게 제공되었는지'에 대해서 궁금해 하는 사람은 많지 않다. 그리고 '왜 이 글은 나에게 제공되지 않았을까?'에 대해서는 나에게 제공되지 않은 글이기 때문에 궁금해 할 수 없다. 언제부터인가 나의 화면에 누군가가 나타나지 않는다고 해서 '왜 그 친구는 사라졌을까?'라고 궁금해 하지 않는다. 대개는 '요즘 페북 잘 안하나 보네.' 정도로 생각하고 넘어간다.

우리가 흔히 SNS 라고 부르는, 사회적 관계 맺음을 지원하는 디지털 도구의 핵심은 알고리즘이다. 알고리즘의 핵심적인 역할은 '거대한 양의 정보를 처리하여, 우리 야생의 뇌가 감당할 수 있는 수준으로 정보를 정리정돈해 주는 것'이라고 할 수 있다. 문제는 이 '정리정돈'의 역할이다. 우리가 타고난 야생의 뇌로는 감당할 수 없는 데이터를 처리해야 하기 때문에 정리정돈의 역할을 '외부의 존재'에 맡겨둘 수밖에 없다. 그렇지만 알고리즘이 사용하는 정리정돈의 규칙을 우리가 알 수 없기 때문에 우리는 그들로부터 '소외'당할 수 밖에 없다. 우리가 직접 감당하자니 능력이 모자라고, 맡겨 두자니 찜찜한 상황이 되는 것이다.

알고리즘과 우리의 관계를 '공생'으로 봐야 할까, '소외'로 봐야 할까?

페이스북은 자기의 고유한 알고리즘으로 우리의 사회 관계를 조정하고, 가까운 친구와 먼 친구가 누구인지를 결정하고, 어느 글을 우리에게 보여주고 어느 글은 보여주지 않을지를 선택한다. 우리 몰래 말이다. 구글 역시 우리에게 알려주지 않는 그들만의 고유한 알고리즘으로 우리가 검색하는 키워드의 검색 결과 중 무엇을 먼저 보여줄지를 결정하여 우리에게 '읽을 자료'로 제공한다. 우리는 왜 이 결과물이 나에게 제공되는지를 물어보지 않는다.

페이스북이나 구글에게 '무슨 기준으로 나에게 이 글을 읽으라고 제시한 건가요?'라고 물어보지 않는 첫 번째 이유는, 그 기준을 우리에게 알려줘 봐야 우리는 감당하지 못할 만큼 복잡하거나, 엄청날 것이라고 지레 짐작하기 때문이다. '얼마나 복잡하길래 다른 회사들은 흉내를 내지도 못하고 매년 몇 십조원의 돈을 벌어들이는 걸까'라고 생각한다.

둘째, 그러한 알고리즘이 페이스북과 구글에게는 '사업적으로 핵심이 되는 자산', '핵심 경쟁력'이기 때문에 외부에 알려줄 리 없다고 생각하기 때문이다. 페이스북과 구글은 알고리즘의 힘으로 세계에서 가장 큰 회사가 되었다. 알고리즘은 그들의 핵심 경쟁력이고 자산이다. 어떤 기준과 규칙에 따라 읽을 것을 선택하는지 외부에 알려줄 리가 없다.

인공지능은 해석할 수 있지만 우리는 해석할 수 없고, 우리가 해석의 규칙 (알고리즘)을 알 수 없음에도 불구하고, 그 해석 결과가 우리의 삶에 직접적인 영향을 미치게 된다면, 그 복잡성은 사악한 존재가 될 가능성이 크다. 이쯤 되면 지금까지 우리 개개인의 삶에 그다지 영향을 주지 않았던 복잡성은 경계의 대상이 되어야 한다. '사악한 복잡성Wicked Complexity'이 될 수 있기 때문이다.

디지털 사회에서 우리는 '알고리즘이 선택하여 제공한 것'을 읽으며 살아간다. 우리는 직접 검색어를 입력하고, 자유롭게 하이퍼링크를 클릭해서 읽을 수 있게 되면서, 자신의 읽는 행위에 대한 의사결정 권한이 커졌다고 믿는다. 하지만 이는 사실과 다를 가능성이 있다. 우리는 단지 알고리즘이 제공하는 링크를 따라 가며 읽고 있는

04. 생각하는 사물의 시대 우리에게 필요한 능력

것이다.

우리가 알고리즘에 대한 통제권을 요구할 수도 있다. 하지만 알고리즘이 관리하는 데이터는 우리의 생물학적인 능력으로는 감당할 수 없을 만큼 규모가 크고 복잡하다.

과거 '신탁'이나 '무속인의 판단'처럼 우리의 인지적 세계와는 분리되어 존재하던 '복잡성'이 (우리의 인지시스템은 여전히 감당할 수 없는데) 인공의 인지시스템이 담당하는 방식으로 우리 곁에 나타난 것이다.

우리는 감당할 수 없는데
인공지능은 감당할 수 있으니,
인공지능의 판단을 우리가 무시할 수 없는 상태가 된다.

우리 개개인의 삶에 그다지 영향을 주지 않았던 즉, 확률적인 존재 (결국 우연의 대상이었던 존재)에 불과했던 복잡성은 이제 경계의 대상이 되어야 한다. 우리의 삶에 직접 영향을 주고는 있으나, 아직은 어떻게 통제해야 할지 그 방법을 알 수 없다. 보통의 개별적 인간인 우리가 알고리즘을 통제하는 방법을 찾을 수 있을까? 역사는 반복된다고 하니 우리가 선출한 대표자들의 집단이 알고리즘을 통제할 수 있는 권한을 가지게 될까? 그래서 우리 대표자들의 결정에 따라 '우리가 읽을 것'이 정해지게 될까?

우리에게 필요한 미래 인재는 알고리즘까지 읽을 수 있어야 할 것이다. 알고리즘을 통제하기 위해서 결국 인공의 인지시스템과 협업해야 할 것이고, 미래의 인재는 인공의 인지시스템과 협업하는 방법, 그(것)들을 상호작용적으로 사용하는 방법을 알고 있어야 한다.

생물학적으로 인간을
업그레이드하는 능력

그리 머지않은 미래에 서구 사회에 거주하는 대부분의 인간은 노인이 될 것이 자명하다. 수명이 늘어나고 사망률은 줄고 출산율은 늘지 않을 것이다. 생명공학 기술 또는 의학의 영역에서 혁명적인 진전이 없다면 대부분의 노인들은 육체 능력과 인지 능력이 떨어질 것이다. 결국 미래는 육체 능력과 인지 능력이 떨어진 인간들이 대다수가 되는 사회가 될 것이다.

인간을 강화하는 기술이 우리가 상호작용해야 하는 도구로 진지하게 검토되어야 하는 이유는 시시각각 다가오는 고령화 사회가 큰 몫을 한다. 나이가 듦에 따라 자연스럽게 육체 능력과 함께 인지 능력이 떨어지는 문제는 우리의 미래 사회, 즉 고령화 사회가 감당해야 하는 치명적인 문제가 될 수 있다. 사실 미래가 아니라 이미 지금부터 문제가 되고 있다. 우리 사회가 언제까지 '사회가 쌓아 놓은 공공의 부'로 구성원들의 은퇴 후 삶을 보장해줄 수 있을까? 고령화 사회로 갈수록 인지 기능의 장애를 치료하기 위한 사회적, 개인적 비용은 꾸준히 늘어날 것이다.[15] 노화에 대한 대응책은 인류의 미래를 좌우하는 문제가 될 수 있다.

우리가 노화 문제에 대응하는 방법은 크게 두 가지를 생각해볼 수 있다. 첫째는 인간을 강화하는 길이고, 다른 하나는 인간만큼 뛰어난 존재를 만드는 것이다.[16] 인간을 강화하는 방법으로 이 문제에 대응할지, 인간의 능력만큼 또는 그 이상의 능력을 가진 인공지능의 개발로 이 문제에 대응할지를 두고 우리와 우리의 다음 세대가 결정해야 한다. 이 때 필요한 핵심적인 능력은 '생명체로서의 인간'을 대하는 능력이다.

인간을 강화하는 길은 아마도 '야생의 인간'으로부터 '하이브리드 인간'으로 나아가는 길이 될 것이다. 바로 생명공학, 유전공학, 인지공학, 나노기술 등을 융합한 기술적인 성취를 야생의 인간과 결합하는 방식으로 인간을 강화하는 길이다. 인간과 분리된 순수한 인공지능의 능력을 인간 수준으로 끌어올리는 접근보다는 하이브리드 인간으로 나아가는 접근이 조금 더 안전한 길이 되지 않을까.

2012년 말, 영국국립과학아카데미Royal Society[17]에서 출간한 보고서[18]는 인간의 능력을 증진하는 기술이 미래 사회에서 담당할 역할을 강조하고 있다. 보고서는 사람들이 일하고 공부하고 치료하는 방식을 바꾸어 놓을 미래의 강화기술Enhancement Technology에 관련된 정책 마련이 시급하다고 강조한다. 의식과 육체에 대한 헤일스

Katherine N. Hayles의 관점[19]은 인간의 진화가 기술과의 관계 속에서 이루어져 왔다고 판단하는 트랜스휴머니스트의 관점을 잘 보여준다. 헤일스는 인간성 또는 인간의 본질적인 특성이 의식에 내재한다는, 인간을 이해하는 오래된 관점을 부정한다. 그는 의식은 부수적인 현상이며, 특정한 역사적인 상황에 의해 강조되기 시작한 것에 불과하다고 본다.

육체에 대한 헤일스의 관점도 평범하지는 않다. 육체는 인간 누구에게나 조작법이 공개되는 인공기관이며, 인공기관으로서의 육체를 다른 인공기관으로 확장하고 대체하는 일은 인류의 역사 과정 내내 지속되어온 일이라고 설명한다. 이 관점은 인간을 '원자들이 양자적인 수준에서 결합되어 있는 기계'라고 설명한 하버드 대학의 조지 처치 교수와 닮아 있다. 인간의 육체가 인간이 아닌 것들과의 거래를 통해서 만들어져 왔음을 '바이러스와 원핵생물' 수준에서 증명해가고 있는 단속진화론자들의 관점과도 닮아 있다.

의식을 인간의 중심에서 배제하고 육체조차 꾸준히 수정되어온 인공기관으로 이해하는 헤일스의 입장에서 보면 '다양한 기술과의 결합을 통한 인간 진화'라는 관점이 자연스럽게 도출될 수 있다. 이제 문제 설정을 바꾸어야 한다. 즉, 인간을 비인간과 구별하거나, 비인간을 인간과 구별하려는 노력 대신 이들 사이의 관계 맺음을 통해 '우리'가 어떻게 만들어지고 있는지', 그 방식을 아는 것이 중요하다. 인간은 언제나 외부의 것(기술, 도구, 인공물, 장치 등)과의 관계 맺음에 기초해 진화해온 '하이브리드 인간'이었다고 한다면, '바로 지금 이 순간' 우리가 추구해야하는 '관계 맺음의 방식'이 무엇일지에 집중해야 한다.

인간을 본질적으로 강화하는 기술에 맞서 우리와 우리의 아이들에게 필요한 정책은 무엇일까?

우리는 앞으로, 기술에 의한 인간의 강화와 관련된 여러 종류의 문제에 대해서 의사결정을 하게 될 것이다. 그 중에서 특히 다른 문제들보다 좀 더 일찍 논의가 필요한 영역이 있다. '기술적으로 강화된 인간, 그리고 인간 수준의 지능을 가진 인공지능과 함께 살아가게 될 우리의 아이들에게, 바로 지금 무엇을 가르쳐야 할 것인가?'의 문제이다. 지금 아이들에게 가르치는 것에 의해 아이들의 미래가 크게 영향을 받기 때문이다.

우리 아이들은 '기술에 의한 인간 능력의 강화가 본격적으로 이루어지는 인류의 첫 세대'일 수도 있고, '인간의 지능을 넘어서는 인공지능에 의해서 지배당하는 인류의 첫 세대'일 수도 있다. 그러니 아이들에게 무엇을 준비시켜야 할지 결정해야 한다. 어릴 때부터 스마트폰과 전자책, 인터넷의 사용을 장려하여 기술과의 협업과 공생에 익숙한 존재가 되도록 도와주어야 할까? 지금 당장이라도 다양한 규제를 털어내고 기술적으로 강화된 디지털 교과서, 인공지능 등의 첨단기술로 무장한 혁신적인 학교 시스템을 도입해서 아이들이 기술에 보다 빨리 적응할 수 있도록 도와주어야 할까? 증강현실, 가상현실 기술을 적극적으로 권장하여 새로운 세계에 빨리 적응하도록 해서 그들 세대만의 해법을 찾아낼 수 있도록 도와주어야 할까? 기계와 의사소통하기 위한 언어를 지금 외국어를 가르치듯 가르쳐야 할까? 3세가 지나서 배우는 새로운 언어는 원어민처럼 구사할 수 없다는 주장을 이어서, 소프트웨어 개발 언어도 3세 이전에 가르쳐야 한다고 주장하게 될까?

현재 우리의 한계는 '새로운 기술을 아이들에게 제공했을 때 아이들에게서 무슨 일이 벌어질지 충분히 알고 있지 못하다'는 점이다. 아이들이 얄팍한 생각만 하고 이리 뛰고 저리 뛰는 산만한 존재로 자라게 될지, 인지적인 분산처리에 능숙해져서 최고의 멀티태스킹 능력을 발휘하는 존재로 자랄지 알지 못한다. 기술에 중독되어 자아가 부서질지, 기술과의 공생에 적응하여 새로운 진화 단계로 나아가게 될지를 판단할 만한 충분한 정보가 우리에게는 없다.

앞으로도 우리는 충분한 정보를 확보하기 어려울 것이다. 시범 적용을 해본 뒤 그 결과에 따라 확대 적용 여부를 결정하겠다는 접근 방식을 기술(기술을 개발하여 이윤을 창출하려는 회사들)이 기다려줄리가 없다. 충분한 정보가 없는 상태에서 우리는 어느 방향으로 움직이고, 어떤 결정을 해야 할까? 우리와 우리의 다음 세대가 협업하며 서둘러 풀어야 할 문제이다. 그런데 이 질문에 대한 해답을 찾아내는 데 사용할 시간이 그다지 많이 남아있지 않다.

도구와 상호 변화하는
능력

인공의 인지시스템은 기억 저장소_{Artificial Shared Memory}가 될 것이다. 예컨대 앞서 소개한 웨이즈와 같은 스마트 내비게이션은 우리가 어느 곳을 어떻게 이동하며 살아가는지를 모두 기억하게 될 것이다. 웨이즈는 저장된 기록을 가지고 무엇을 할까? 물론 내 취향이나 생활 습관에 기초해서 더 편하고 쉽게 운전할 수 있는 길을 찾아줄 것이다. 여기에 덧붙여 웨이즈는 돈을 더 벌어들일 가능성만 있다면 '기억 저장소'로서의 웨이즈 서비스를 오픈할 것이다. 우리에게 무엇인가를 판매하고 싶은 판매자는 이 서비스에서 제공하는 우리의 이동 경로 데이터를 가지고 우리와의 '운명과도 같은 만남'의 기회를 기획하게 될 것이다. 어릴 때부터 대화해온 장난감 코그니토이는 IBM 왓슨에 우리 삶의 개인적인 역사를 모두 전달해서 저장해둘 것이다. 우리에게 기억은 생각을 위한 환경이고 기본적인 인지 자원이며 인지 자원 저장소이다.

기억은 어디에 있을까? 우리 주위에 흩어져 배치되어 있는 사물의 역할을 제외하면 기억은 뇌에 있다. 하지만 사물의 역할을 고려할 경우 상황은 좀 달라진다. 기억은 사물과 나누어 가지게 된다. 이때 사물의 역할을 고려하지 않은 상태에서 기억을 사유의 대상으로 다루게 되면 뭔가 풀리지 않는 문제들이 남게 된다. 예를 들어보자. 공부한 내용을 적어 둔 공책, 빨간 줄을 긋거나 형광펜으로 표시해 둔 책, 메모나 녹음 데이터를 담고 있는 스마트폰, 정보를 저장해두는 컴퓨터가 우리 기억에 참여하고 있다고 생각할 수 있다. 그(것)들이 주위에 있을 때와 없을 때 발생하는 인지 능력의 차이를 설명하는 수월한 방법은 '그(것)들이 우리 인지 시스템의 구성요소이다'라고 해석하는 것이다. 우리의 기억 그리고 기억을 자원으로 사용하는 인지시스템은 이와 같은 외부 사물들과 함께 구성되는 시스템이다. 스마트폰과 같이 멋진 도구가 우리 곁에 나타났기 때문에 비로소 전화번호를 외우지 않는 등의 현상이 발생한 것이 아니다.

인간은 원래 기억을 외부에 옮겨 담아 왔다. 인류 역사 전체를 거쳐 아주 오래 전부터 우리는 기억을 외부 사물에 나누어 저장해 사용해왔다. 개인의 기억은 뇌에 있을 것이라고 가정하더라도 타인과의 커뮤니케이션 기억은 다르다. 타인과의 커뮤니케이션 기억은 커뮤니케이션 참가자들의 뇌에 기록된 것을 합친다고 해서 알 수 있는 대상이 아니다. 사람들마다 서로 다른 속도로 기억이 사라질 뿐만 아니라 처음부터 서로 다른 것을 기억하고 있을 가능성도 있다.

커뮤니케이션 참가자 수가 많아질수록 커뮤니케이션 기억은 정확한 실체를 되짚어 가기 힘들어진다. 이와 같은 문제를 해결하기 위해 인간은 아주 오래 전부터 커뮤니케이션 기억을 외부의 사물에 기록해왔다. 대표적인 예가 계약서이다. 우리는 계약 당사자들 간의 커뮤니케이션을 계약서라는 사물에 저장해 왔다. 그런데 과거와 달리 지금은 그렇게 나누어 저장한 사물이 독자적으로 생각하기 시작했다.

앞으로의 계약서, 즉 생각하는 계약서는 계약 조항의 수정이 필요한 상황이 발생하는지를 스스로 모니터링하게 될 것이다. 그래서 수정이 필요한 상황이 발생하면, 예를 들어 '환율의 변화로 계약서의 대금 지급 기준 통화를 호주달러에서 미국달러로 수정해야 한다'와 같은 식으로 우리에게 알려줄 것이다.

생각하는 사물은 독자적인 기억 저장소로 기능할 것이다. 인터넷에 연결된 출입문은 사람들 사이의 커뮤니케이션 기억을 쉼 없이 꾸준히 쌓아가는 사물이 될 것이다. 이 출입문이 페이스북에 연결된다면 문이 (자기 알고리즘에 따라) 출입문 안쪽 공간 거주자의 사회관계를 스스로 액티브하게 정리해줄 것이다. 스마트 안경 카메라는 독서 경험과 데이터를 저장해두고 필요하다면 누군가와 이 데이터를 공유하게 될 것이다. 인지 컴퓨팅 엔진 왓슨은 기억 그 자체 또는 (IBM이 강조하듯) '기계와 인간의 인지적 커뮤니케이션을 통합하는, 새로운 인지시스템'이 될 것이다.

왓슨의 기억에 대해 상대적 우위를 가질 수 있는 인간이 존재할 수 있을까? 사람이 가진 기억과 사물이 가진 기억이 다를 경우 어느 기억이 더 신뢰받는지 우리는 경험으로 잘 알고 있다. 우리의 기억보다는 계약서에 적힌 문자 텍스트가 더 신뢰받는다. 사람과 사물의 기억이 다를 경우 우리는 사물에 의존할 가능성이 크다. 생각하는 사물이 가진 광범위한 정보를 속속들이 저장할 수 있는 능력, 기억들의 관계를 연산할 수 있는 능력, 그리고 점점 더 빨라지는 속도를 생각해보면, 사물의 기억이 인간의 기억을 앞서는 순간은 얼마 남지 않았다. 기억을 외부의 인지시스템에 저장하고 실시간에 가깝게 그 기억을 인출해서 사용할 수 있게 된다면, 우리는 생물학적 인지시스템을 변화시켜야 한다.

우리에게 필요한 미래 인재가 확보해야 하는 능력은 도구의 변화에 따라 우리 스스로도 변하고 동시에, 우리가 변한 만큼 도구도 변화시키는 능력이다. 개인적인 차원에서나 사회적인 차원에서 모두.

인간과 사물을 통합하는 능력

현재의 사회 체제도 다양한 인간 행위자와 비인간 행위자가 뒤섞인 하이브리드 시스템이라고 할 수 있다. 그러나 앞으로의 사회는 비인간 행위자도 독자적인 인지시스템과 연결될 것이다. 출입문은 페이스북과 연결되어 입장이 가능한 사람과 그렇지 않은 사람을 스스로 선별할 가능성이 있다. 사무실과 아파트의 창문은 온도와 습도 데이터를 이용해 스스로 열고 닫을 것이고, 실내 보일러는 거주자의 생활 패턴을 분석하고 기억해 알아서 실내 온도를 조절할 것이다. 비인간 행위자인 각각의 생각하는 사물은 독자적인 인공의 인지시스템을 가질 수도 있고, 하나의 거대한 인공의 인지시스템에 연결될 수도 있다. 결국 미래 사회는 독자적인 인지시스템을 가진 두 존재 즉, 인공물(생각하는 사물)과 인간이 함께 살아가는 사회가 될 것이다.

생각하는 사물이 늘어남에 따라 인간과 사물이라는 서로 다른 두 개의 인지시스템을 연결하는, 하이브리드 세계의 운영체제가 구체적인 현실이 될 것이다. 개체 인간의 수준에서는 신체와 인공물 사이의 운영체제가, 사회적인 수준에서는 인지 능력을 가진 비인간 행위자와 인간 행위자를 통합하는 운영체제가 필요해질 것이다.

인공물과 인간이 인지적으로 연결되는 하이브리드 세계에서는 인공물과 커뮤니케이션 하는 일이 중요하고, 연결되는 존재들을 공통의 언어로 다루는 것이 중요해진다. 공통의 언어체계가 적절하게 구축되어야 모든 구성요소들이 서로 조화를 이룰 것이기 때문이다.

자동운전 자동차를 포함한 교통 시스템을 예로 들어보자. 도심에서의 교통사고를 최소화하고 교통 흐름을 효과적으로 관리하려면 모든 자동차를 연결하여 서로 데이터를 주고받으며 운행하도록 하면 된다. 그렇게 하면 모든 자동차가 주위의 차들이 어느 경로를 따라 어디를 향해 가는지를 알게 된다. 개별 자동차의 목적지와 이동 경로는 하나의 시스템 혹은, 서로 연결되어 있는 다수의 시스템이 관리하고, 도시에서 운행 중인 모든 자동차가 관련 데이터를 실시간으로 공유하게 된다. 이란 상황에서는 데이터 공유가 불가능한 존재(인간이 직접 운전하는 자동차)의 도로 진입은 허가되지 않을 가능성이 크다.

스스로 학습하고 의사 결정하는 '생각하는 사물'의 등장은 인간이 가진 치명적인 약점 또는 단점을 개선해줄 수도 있다. 예를 들어, 외부 인공물이 가진 뛰어난 정보 저장 능력, 검색 및 연산 능력에 의존하여 의사소통 과정에서 발생하는 실수를 최소화할 수 있을 것이다. 중요한 커뮤니케이션을 전화로 하지 않고 이메일로 하는 경우에 비유할 수 있다. 음성 전화로 나눈 대화는 언제든 다툼의 소지가 있지만, 이메일로 나눈 대화는 명백하고 사라지지도 않으며, 대화에 직접 참여하지 않았던 사람들과 (오해를 만들지 않으면서) 공유하기에도 좋다.

'생각하는 사물'들과 공유할 하이브리드 플랫폼에 대한 인간의 통제 가능성을 높이기 위해서는 어떻게 해야 할까? 물론 제도적으로 보완되어야 할 것도 있고, 아시모프의 로봇 3원칙처럼 인공물 개발에 사용할 소프트웨어에 반드시 포함되어야 할 핵심적인 코드들도 필요하다.

여기서는 이 책의 일관된 관심인 교육을 중심으로 범위를 좁혀서 생각해보자. 가장 중요한 질문은 이것이다.

"생각하는 사물들과 함께 살아가기 위해서
우리에게 필요한 능력은 무엇일까?"
혹은 "생각하는 사물들과 함께 살아갈 사회에서
경쟁력을 확보하기 위해서 우리에게 필요한 능력은 무엇일까?"

지금보다 훨씬 더 스마트한 사물들과 함께 살아가게 될 우리의 아이들이, 아직은 사물들이 충분히 스마트해지지 않은 바로 지금부터 학습하고 훈련하고 키워야 하는 능력은 무엇일까?

생각하는 사물을 스마트해진 안경으로 제한해보자. 스마트 안경과 함께 살아갈 우리의 아이들에게 필요한 능력은 분명 스마트 안경을 상호작용적으로 사용하는 능력일 것이다. OECD DeSeCo 보고서[20]에서 강조한 것처럼 기술을 상호작용적으로 사용하는 능력 즉, 스마트 안경을 본인에게 가장 적합하게 사용하는 능력을 확보해야 한다.

세계적으로 가장 유명한 무료 온라인 교육 서비스인 칸 아카데미는 설립자 살만 칸이 조카의 공부를 도와주기 위해서 인터넷에 흩어져 있는 무료 교육 자료를 모으는 데서 시작되었다. 살만 칸은 자신에게 필요한 인터넷 자원을 일상적으로 검색하여 정리정돈해 두고 자원의 조합을 관리하는 최적의 방법을 찾기 위해서 노력하는 사람의 전형이었다.

스마트폰의 사용에서도 설치한 수많은 애플리케이션의 아이콘들을 되는대로 놔두고 '어디쯤에 있었던 것 같다'는 기억을 관리하는 사람이 있는 반면에, 아이콘들을 직관적인 이름의 폴더로 구분하고 각 폴더의 위치를 가장 사용하기 좋은 배치로 조정하는 사람들이 있다. 이들은 '어떤 앱을 깔았었는데… 어디 있더라…'와 같은 방식 즉, 야생 뇌의 기억에 의존하는 방법이 아니라, 필요한 앱을 직관적으로 발견할 수 있도록 스마트폰 사용자 환경을 관리한다. 그리고 문서와 사진, 파일을 저장할 수 있는 클라우드 저장공간을 제공하는 다수의 인터넷 사이트들 각각에 역할을 부여하고 동기화 규칙을 정하는 등 꼼꼼하게 관리한다.

스마트 안경의 사용도 사람에 따라 다를 것이다. 누구는 스마트 안경의 기능을 최대한 활용하며 작은 이벤트조차도 모두 기록하고,

저장된 정보를 관리하기 위한 최적의 방법을 찾기 위해서 노력할 것이다. 또 다른 유형의 사람은 스마트 안경의 기본 기능만을 사용하며 '혹시 언젠가 필요할지도 모른다는 막연한 생각'으로 그때그때 생각날 때마다 기록하고 녹화하도록 할 것이다. 그리고는 어디에 저장되어 있는지조차 잊어버리고 살아갈 것이다.

스마트 안경을 착용하며 살아가게 될 우리(그리고 우리 아이들)에게 필요한 핵심적인 능력은 '그(것)들과 상호작용하며 사용하는 능력'일 될 것이다. 그(것)들이 제공해줄 수 있는 능력을 최고로 끌어내어 활용할 수 있도록 그(것)들을 잘 관리하며 사용하면 경쟁력이 올라가고, 본인에게 최적화하지 못하면 경쟁력이 떨어지게 될 것이다. 미래의 인공지능 역시 '전지전능을 향해가는' 소수의 인공지능을 제외한 나머지는 개인화를 시도할 가능성이 크다. 그래서 인공지능 역시 상호작용적으로 사용하는 대상이 될 것이다. 이 문제를 '도구'와 우리 사이의 관계로 일반화시켜 보면 좀 더 분명해진다. 인류사의 거의 대부분의 시대에서, 말과 글이라는 도구를 관리(사용)하는 능력이 좋을수록 경쟁력이 큰 사람이 되었다.

도구를 상호작용적으로 사용한다는 것은 우리의 계획에 맞추어 도구를 수정하여 사용하고, 동시에 도구에 의한 우리의 변화 역시 허용하는 관계를 말한다. 우리의 생각이 자람에 따라 사용하는 언어가 변화하고, 언어가 변화함에 따라 우리의 생각이 변화하는 상황이 그런 예이다. 언어를 상호작용적으로 사용하는 능력의 차이가 해리포터 시리즈와 인기 없는 블로그의 차이를 만든다.

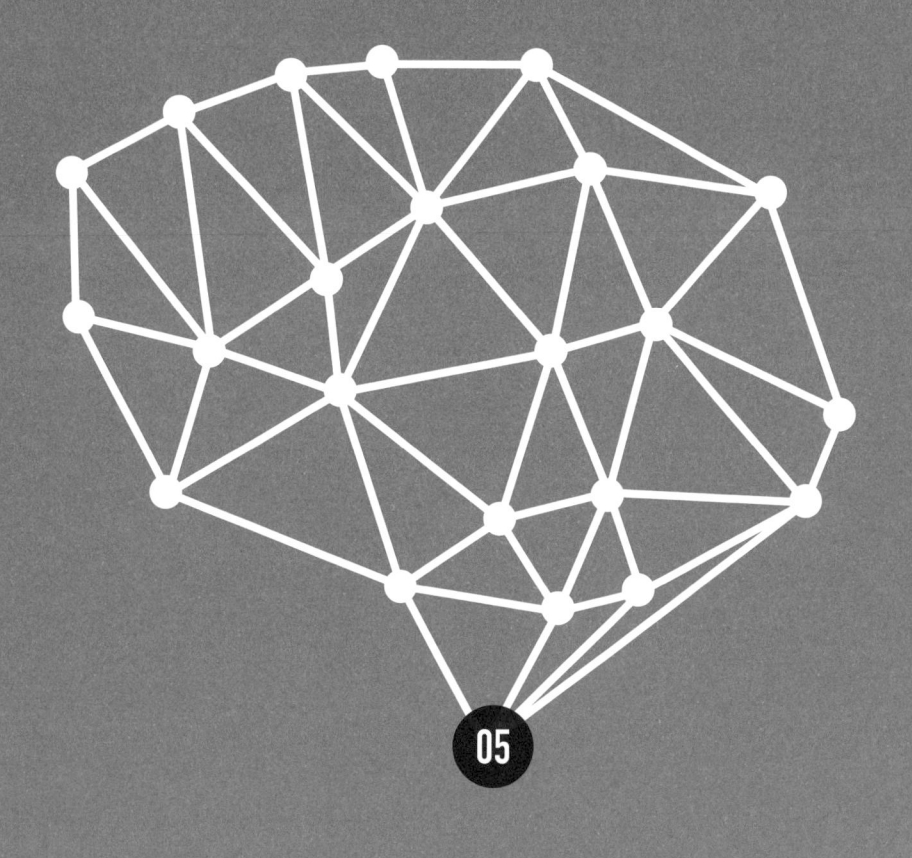

05

더 생각해 보아야 할
문제들

Things That Think

우리가 모르는 것을 알고 있는
인공지능과 함께 살아가는 문제

세계를 둘로 나누어 보자. '가르치다'와 '배우다'로.

'가르치다'와 '배우다'의 관계는 '말하다'와 '듣다'의 관계와는 다르다. '말하다'와 '듣다'의 관계는 양 측이 관계 맺는 데 필요한 기본 정보를 공유하고 있을 때 가능하다. 반면에 '가르치다'와 '배우다'의 관계는 양 측이 기본 정보를 공유하고 있지 않다는 사실을 전제로 한다. 즉, 가르치는 측은 알고 있고, 배우는 측은 모르고 있을 때 '가르치다'와 '배우다'의 관계가 형성된다.

'가르치다'와 '배우다'의 관계를 시선의 위치에 따라 다시 둘로 나누어 보자. 먼저 학부모, 교장 선생님, 교육학 연구자, 선생님이 같은 반 다른 친구와 나누는 대화를 바라보는 나와 같은 경우, 즉 관계의 바깥에 있는 시선이다. 관계의 밖에서 보면 '이 쪽은 가르치려고 하는데 저쪽은 배울 마음이 없군' 또는, '이 쪽은 알고 있고 저 쪽은 모르고 있네' 와 같은 현상을 볼 수 있다. 가장 중요한 시선은 가르치고 배우는 관계를 맺고 있는 당사자들의 시선이지만, 우리는 흔히 제 3자의 시선으로 '가르치다'와 '배우다'의 관계를 생각하게 된다. '가르치다'와 '배우다'의 관계는 특수한 상황에서 발생하는데 이 특수한 상황에 속하게 되면 '가르치다'와 '배우다'를 객관화해서 보기 어려워진다.

'배우다' 측에서 '가르치다' 측을 바라보는 시선을 생각해보자. 이 시선의 특징은 가르치는 상대방을 내가 모르는 것을 '알고 있다고 가정된 주체'로 바라본다는 점이다. 인공지능과 인간이 맺는 관계의 특수함을 이해하기 위해서 도움이 되는 시선이 바로 '배우다' 측의 존재가 '가르치다' 측의 존재를 바라보는 시선이다. 우리가 똑똑한 내비게이션을 켜고 운전을 할 때 이와 유사한 경험을 하게 된다. 스마트폰에 앱의 형태로 설치되는 내비게이션은 실시간 교통정보를 확인하며, 운전하는 동안 내내 경로를 수정하거나 그대로 유지할 것을 우리에게 제안한다. 내비게이션의 제안을 받아들이겠다고 마음을 먹은 뒤부터 제안은 요구가 된다. 스마트폰의 내비게이션이 바로 그 순간 최적의 경로를 '알고 있다고 가정된 주체'가 되므로, 내비게이션의 요구를 무시하려고 시도할 때마다 불편하고 불안해진다.

인공지능이 서비스를 확대함에 따라 스스로 생각하고 있는 것처럼 보이는 내비게이션과의 관계 맺음과 유사한 관계 맺음이 삶의 다양한 영역으로 확대되어 일상의 구석구석까지 침투할 것이다. 바둑을 두고 있을 때라면, 훈수를 하는 알파고 후계자의 제안(요구?)

을 무시하기 어려워질 것이다. 그(것)들은 내가 모르는 무언가를 알고 있을 것이라 생각되기 때문이다. 인공지능은 우리가 감당하기 어려운 빅 데이터를 가지고 있고, 우리가 감당하기 어려운 엄청난 수준의 속도로 연산을 하며, '천재처럼' 느껴지는 알고리즘을 가지고 있다. 우리는 그런 인공지능의 '제안(요구)'를 무시하기 어려워 질 것이다.

'가르치다'와 '배우다' 관계 바깥의 시선, 예를 들어 교육학 연구자의 시선으로는 '아… 저 양반도 모르면서 가르치고 있네'와 같은 관측이 가능하다. 그러나 관계 안에서 상대를 마주보는 '배우다' 측의 시선으로는 '왜 나는(나만) 모르는 거지' 또는 '이제 좀 알겠네'와 같은 스스로에 대한 관측, 그리고 '선생님은 알고 있고, 나는 모른다'와 같은 관측만이 가능할 뿐이다. 인공지능과 관계 맺는 '배우다' 측의 주체Subject는 수동/의존의 의미를 가지는 존재이다. 이 맥락에서 보면 '자기주도학습' 같은 단어는 단지 말놀이에 불과해진다.

이제 무언가 엄청난 것을 알고 있을 것 같은 인공지능으로 돌아가 보자. 3천년 동안의 바둑 기보 모두를 알고 있으며, 그 모든 기보를 알고 있는 바둑기사가 어떻게 바둑을 두는지조차 알고 있는 인공지능이 그런 예일 것이다. 2016년 이른 봄 이세돌 기사와 마주앉은 알파고는 여러 번 특이한 수를 둔 것으로 알려졌다. 그때마다 실시간으로 대국을 중계하던 프로기사들은 '아, 알파고가 드디어 실수를 한건가요.'와 같은 감탄사를 쏟아냈다. 하지만, 결국 최정상의 프로기사들조차 '상상도 하지 못한 수'를 이용하여 알파고는 이세돌 기사를 이겼다.

우리는 놀라운 수를 두는 알파고의 배경지식(예를 들어, 수백만 건의 바둑 기보)과 추론 논리를 알아낼 수 있을까? 2017년에 다시 알파고의 바둑을 접한 프로기사들의 입에서는 '아, 알파고가 드디어 실수를 한건가요'와 같은 감탄사는 사라졌다. 대신 '아, 저 수는 무슨 의미일까요? 어려운데요. 알파고는 도대체 무얼 계획하고 있는 것일까요?' 와 같은 식의 반응을 보였다. 그리고 프로기사들이 상상하지 못했던 알파고의 수를 보고 새롭게 바둑의 정석을 연구하기 시작했다. 알파고는 '알고 있다고 가정된' 존재가 되었다.

구글 검색엔진이 출력한 맛집 검색결과 목록의 상위에서 이상한 음식점 이름을 보면서, 처음에는 이게 광고인가, 에러인가라는 식의 의심을 할 수 있다. 그러나 몇 차례 구글로 검색한 결과에 따라 찾아간 음식점에서 만족한 경험을 하게 되면, 우리에게 구글은 '맛집을 알고 있는' 존재가 되고, 구글의 검색 결과를 무시하기 어려워진다.

웨이즈와 카카오내비 애플리케이션이 제안한 최적 경로를 따라 쾌적한 운전 경험을 몇 차례 한 뒤부터는 그(것)들이 '길을 알고 있다고 가정되는' 존재가 되어, 제안하는 추천 경로를 무시하기 어려워진다.

2016년 5월에 처음으로 IBM의 왓슨을 이용한 인공지능 법률서비스인 로스_Ross[1] 가 1916년에 설립된 대형 로펌인 베이커 앤드 호스테틀러_Baker & Hostetler 에 고용되어 일하기 시작했다. 이 로펌과 파산 관련 사건의 법률 검토를 맡기로 계약을 채결했다.

스타트업 기업인 로스인텔리전스Ross Intelligence 홈페이지에 올라와 있는, 변호사를 지원하는 디지털 법률 전문가라고 로스를 소개하는 글을 요약해보자.

로스는 전체 법률 데이터entire body of law 에서 관련 정보를 찾아 제공해 드릴 수 있습니다. 동료에게 물어보듯 편하게 그냥 물어 보시면 됩니다. 그리고 24시간 365일 동안 쉬지 않고 당신이 담당하는 사건에 영향을 줄 가능성이 있는 새로운 사건 판례를 모니터링할 수 있습니다.

왓슨의 지원을 받는 베이커 앤드 호스테틀러의 파산 담당 변호사들은 카카오내비와 웨이즈의 지원을 받는 운전자와 유사한 경험을 하게 될 것이다. 처음에는 의심하겠지만, 성공의 경험이 쌓이고 나면 그(것)의 제안/요구/가르침 즉, 수많은 판례 중에서 중요하게 검토할 필요가 있다고 제안하는 판례를 무시하기 어려울 것이다. 결국 인간 중에서도 가장 높은 수준의 지적 노동을 한다고 평가받는 변호사에게도 왓슨은 '알고 있다고 가정되는' 존재가 될 것이다.

알고 있다고 가정된 존재와 맺는 관계에서
Subject^{2}는 능동적인 존재보다는
수동적인 존재일 수 밖에 없다.

인공지능이 가진 놀라운 능력 즉, 모든 것을 저장하고 기록하는 능력, 복잡한 연산을 수행하는 능력, 연산의 속도는 현재 이미 인간의 생물학적인 인지시스템으로는 감당할 수 없는 수준에 이른 것으로 보이지만, 앞으로 점점 더 발달할 것이다. 그리고 우리는 인공지능과 관계를 맺으며 살게 될 것이다. 약한 인공지능, 강한 인공지능으로 구분하면서 앞으로 상당한 시간이 걸릴 강한 인공지능의 출현 전까지는 인공지능과의 관계가 안전하다고 생각하는 흐름이 있다. 그러나 약한 인공지능과 맺는 관계조차 우리에게 안전하지 않기는 마찬가지다. 특히 자라는 어린 세대들에게는 더욱 더.

인공지능에 대해 생각하는
방법에 관한 문제

이 책에서 풀어보고자 하는 문제는 두 가지였다.

디지털 기술과 인공지능의 힘을 빌려 스스로 생각하게 된
'생각하는 사물'이 스스로 학습하게 된다면,
우리는 무엇을 학습해야 할까?

'생각하는 사물'이 우리의 생각에 영향을 준다면,
우리는 생각하는 사물에 영향을 받은 생각으로
'생각하는 사물'의 영향에 대해서 생각할 수 있을까?

인류가 접해온 셀 수 없이 많은 사물들이 우리의 생각에 영향을
주었다. 역사가 기록되기 전부터 현재까지, 언제나 사물과 인간은

서로 영향을 주고받는 관계였다. 이 사물과 인간의 관계를 맥루한의 '미디어는 메시지다' 라는 관점에서 볼 수도 있고, 라투르의 행위자 연결망의 관점에서 볼 수도 있다. 푸코와 아감벤의 '장치'의 관점에서도 볼 수 있다. 어떤 관점으로 보건, 인간에 대한 사물의 영향은 예측할 수 없는 부가적인 것이거나 확인하기 어려운 암묵적인 것이다.

글을 쓸 때 늘 함께하는 사물의 예를 들어보자. 이 원고를 정리하는 중에도, 세 가지 형태로 글을 쓰고 있다. 이 원고를 쓰거나 학술연구논문을 쓸 때는 '아래한글' 사용하여 '줄글 쓰기'를 한다. 이 때는 전체적인 맥락을 머릿속에 정리한 상태에서 끊어지지 않게 이어가며 써야 한다. 앞과 뒤가 있고 스토리의 순서가 있는 글을 생각하게 된다. 단락과 장들로 분리되어 있지만, 구성요소들을 이리저리 섞는 것은 매우 제한된다.

두 번째는 흔히 파워포인트라고 불리는, 페이지 단위로 분리되어서 각 페이지를 흔들어 섞을 수 있는 낱낱의 '장표 만들기'를 한다. 컨설팅 결과 보고서, 연구결과 요약 발표문 등을 작성할 때 주로 사용한다. 이 때는 전체적인 맥락보다는 한 페이지 한 페이지의 완결성에 집중하게 되고, 문자 텍스트로 구성된 문장보다는 '도식화'에 집중하게 된다.

세 번째는 인터넷에서의 글쓰기이다. 짧은 글을 가볍게 쓰고, 직접 찍은 사진으로 글을 대신하기도 한다. 인터넷에서의 글쓰기는 '실시간'의 의미가 강해서 쓰자 마자 독자가 읽게 되는 상황을 생각하면서 글을 쓰게 된다. 모니터 뒤쪽에 있는 독자들을 생각하며 글을 쓰게 되고 즉각적이며 잦은 피드백을 기다리기도 한다.

이 세 가지의 글쓰기는 각각 내가 생각하는 방법에 영향을 미쳤을 것이다. 하지만 이 각각의 글쓰기가 생각하는 방법에 어떤 변화를 발생시켰는지를 알아내는 것은 불가능에 가깝다. 생각의 대상과 생각 그 자체를 분리시키기가 쉽지 않기 때문이다. 외부의 사물에 의해서 이미 오염되어 버린 생각으로, 사물이 발생시킨 생각의 변화를 생각해야 하는 이 상태를 '한바구니 역설'이라고 불러보자. 경계를 구분해내기가 어려우며, 서로에게 영향을 주는 두 존재가 한 바구니에 담겨 있는 상태라고 생각해보자는 것이다. 이렇듯 사물의 효과는 비가시적이고 확정적이지 않으며 암묵적이다.

디지털 기술과 인공지능의 힘을 빌려 사물들이 생각하는 능력을 가지게 되는 미래에는 이 관계가 역전된다. 즉, 생각하는 능력을 확보한 사물이 인간을 좀 더 적극적으로 변화시킬 것이다. 의도적인 변화를 설계하는 주체가 사물 뒤에 숨어 있는 인간이건, 미래에 도래할지도 모르는 인공지능이건, 생각하는 사물과 마주 대하고 있는 인간의 입장에서 보면 생각하는 사물의 태도가 과거와 달리 적극적이고 능동적일 것이다.

자연어 처리 능력과 학습 능력, 그리고 엄청난 연산 능력과 저장 능력으로 무장한 왓슨, 사회적 관계를 능동적으로 조정하는 페이스북 알고리즘, 무엇을 보여줄 것인지를 결정하는 구글의 검색 알고리즘, 무엇이든지 저장하고 분석하여 지금까지는 상상도 하지 못했던 의미를 보여주는 빅데이터와 분석 알고리즘이, '생각하는 사물'의

197

든든한 원군이 되어 우리의 변화를 적극적으로 요구할 것이다.

이(것)들이 한 팀을 이루고, 우리가 다른 한 팀이 되어 경쟁하는 날이 정말 올까? 이 글을 정리하고 있는 순간의 가정은, '오지 않는 다'이다. 더 정확하게 이야기하자면 '그 날이 오더라도 그 날이 온 줄 우리는 모를 것이다' 이다. 변화는 언제나 (구글 검색엔진에게 이것저것 물어보면서) 천천히 시작되어 (왓슨에게 모든 것을 물어보게 되는 상황으로) 순식간에 마무리되기 마련이다.

생각하는 사물을 생각의 대상으로
다룰 때의 문제

생각하는 사물을 사유의 대상으로 다룰 수는 없을 것이다. 안경을 쓴 사람은 평소에는 안경의 존재를 의식하지 못한다. 안경처럼 우리의 삶에서 사물은 정확하게 드러나지 않은 상태에서 작동해야 한다. 요구 받은 기능을 수행하는 과정에서 우리에게 익숙한 존재가 되어 우리의 인식 대상에서 사라져야 한다. 안경이 없어졌을 때 겪는 불편한 상태가 되어서야 비로소 그것의 부재를 알게 되는 상태와 같다. 삶에 결합되어 일상적인 생활을 구성하는 사물을 의식하는 순간은 우리가 실수하거나, 사물이 실수할 때이다. 사물은 스스로가 부여 받은 전략적 의도를 실수 없이 구현하고 있을 때 우리의 인식에서 사라져 보이지 않게 된다.

사물은 사물을 소유하고 사용하는 주인, 고안한 주체가 원하는 바를 얻기 위해 의도적으로 창조한 전략적인 수단이다. 예를 들어 페이스북은 사용자가 사회적인 관계를 맺고 그들과 안정적이고 수월하게 의사소통(물론 대부분의 의사소통이 '자기 자랑'인 것 같지만) 하기 위해서 고안된 사물이고, 구글 검색엔진은 원하는 정보를 신속하고 정확하게 찾아보기 위해 고안된 사물이다. 사물을 매개로 만나는 양측은 일단, 사물의 창조자가 설계한 '전략적 의도' 하에서 관계를 맺게 된다.

사물은 익숙한 대상이 되면 비가시적인 존재가 된다. 그리고 사물은 스스로에게 부과되어 있는 전략적 의도를 효과적으로 수행하기 위해서, 사용자의 인식 범위 밖으로 사라져 비가시적인 존재가 된다. 예를 들어 페이스북은 사용자의 활동 정보를, 구글은 검색 이력 정보를 포함한 수많은 정보를 저장하여 사용하는 것으로 알려져 있다. 정보를 제공하고 정보를 저장하는 관계 맺음의 과정은 눈에 보이지 않는다. 페이스북과 구글이 가져가고 되돌려주는 정보의 유통을 가시적으로 다룰 수는 없다. 인간이 감당하기에는 지나치게 많고 복잡한 관계 맺음이 발생할 뿐만 아니라, 사용자가 눈치 채지 못한 상태에서 모으는 데이터가 가장 자연스러운 데이터이기 때문이다.

페이스북은 사용자의 정보를 수집하는 과정뿐만 아니라 정보를 분석하는 알고리즘 역시 숨겨야 한다. 페이스북의 화면에 표시할 정보를 선택하고 배치하고 구성하는 규칙은 페이스북의 고유한 알고리즘에 의해 구현되며, 이 알고리즘은 페이스북의 가장 핵심적인 자산이기 때문이다.

사물에게 생각하는 능력을 부여하는 가장 중요한 요소인 소프트웨어 알고리즘은 인간의 인식 범위 내로 들어오지 않을 뿐만 아니라 제도와 체제 내로 들어오지도 않는다.

예를 들어, 사용자의 정보를 수집하는 문제는 도덕적 판단의 대상이 되어 윤리의 관점에서 다룬다. 개인적인 정보는 그 정보 주인의 동의를 얻은 뒤에만 수집할 수 있다거나, 수집 목적 이외에는 활용할 수 없도록 하는 규칙이 만들어지고, 빅데이터 분석의 대상이 되는 사용자의 기초 데이터(프로파일링 데이터)를 다루는 가이드라인이 만들어지는 등 사회적인 규칙들이 만들어지고 있다. 하지만 이 데이터들을 분석하는 알고리즘을 대상으로 하는 제도와 체제는 발견하기 어렵다. 단지 타인에 의해서 권익이 침해되지 않도록 저작권 보호의 대상으로 다룰 뿐이다.

실내온도를 자동으로 조절해야 하는 네스트는 자신에게 부여된 역할을 효과적으로 구현하기 위해 관련 정보를 정확하게 수집해야 한다. 집에 들어오면 우리가 실내온도를 어떻게 바꾸는지, 샤워는 언제 얼마나 하는지, 물 온도는 어떻게 맞추는지, 가족들과 함께 있을 때 거실, 안방, 서재 등은 어떤 상태로 관리하는지 등을 네스트는 알고 있어야 한다. 그래야 실수 없이 실내 환경을 최적의 상태로 유지할 수 있기 때문이다.

생각하는 사물은 탄생의 목적인 전략적 의도를 제대로 수행하기 위해서 정보를 가져가고, 인간은 서비스를 제공받기 위해서 정보를 제공한다고 흔히 오해한다. 그러나 인간은 자신의 어떤 정보를 사물이 가져가는지 알지 못한다. 초기에 동의했던 정보 제공 항목의 범위 밖에 있는 정보가 수집될 수도 있을 텐데, 이 모든 낱낱의 데이터를 하나하나 우리에게 물어보도록 사물(네스트, 페이스북, 구글 등)을 설계하지는 않을 것이다. 그렇게 되면 사용자가 엄청나게 불편해 할 것이다. 인터넷에서 회원 가입할 때 제시되는 계약 조건을 매번 읽는다고 생각해보라. 게다가 그 세세한 데이터를 모두 나열할 수도 없다.

생각하는 사물이 가져간 데이터가 어떤 로직 (알고리즘)으로 분석되어 우리에게 어떤 값을 되돌려주는지도 우리는 알지 못한다. 알지 못하기 때문에 의사결정의 대상이 되지 못한다. 독감이 유행하는 상황을 상상해 보자. 독감 유행 경보가 내려지고 그 정보가 네스트에 전해졌다고 가정해보자. 네스트의 알고리즘은 독감 바이러스가 확산되기 어려운 조건으로 실내 환경을 조절하도록 명령할 수 있다. 즉, 평소보다 더운 환경과 습한 환경으로 실내 환경을 유지하도록 조절하는 것이다.

거주자가 방에 들어온 뒤 네스트가 독감 바이러스가 유행하고 있기 때문에 실내 온도와 습도를 높게 설정했다고 알려준다. 거주자가 답변하기를, "그냥 원래대로 해줘." 네스트는 다음 번 독감 바이러스가 유행하게 될 때, 어떤 상태로 실내 환경을 조절하게 될까? 거주자의 편안함이 우선일까? 의학적 판단이 우선이 될까? 매번 우리에게 의사결정을 요청할 수는 없다. 우리가 귀찮아 한다는 것 정도는 네스트가 알고 있을 것이다. 패턴이 만들어지고 나면, 네스트가 알아서 상황을 통제할 것이다. 그 다음부터 우리는 어떤 판단에 의해서 통제되고 있는지 모르게 될 가능성이 크다.

이 가상의 상황은 우리가 페이스북이 어떤 정보를, 얼마나 자주, 어떤 방법으로 가져가고, 그 정보를 어떤 방법으로 분석하고 재조합하여, 어떤 정보를 되돌려주는지 모르는 현재 상황과 비슷하다.

소프트웨어 알고리즘이라는 사물은 윤리나 도덕의 대상이 아니다. 알고리즘 즉, 사물로 하여금 생각하게 만들고, 독자적으로 행위하게 만드는 소프트웨어 알고리즘은 정치, 인문, 사회과학의 틀에 들어오지 않는 존재이다. 흔히 인공지능이라고 불리는 소프트웨어 알고리즘은 사회적으로 중요한 존재가 되었음에도 불구하고, 인류가 구축해온 사회적 시스템으로는 다룰 수가 없는 비가시적인 존재이다. 비가시적인 존재가 되어버릴(되어버린) 생각하는 사물은 개인적인 차원의 인지시스템의 대상이 되기도 어렵고, 사회적인 시스템의 대상이 되기도 어렵다.

생각하는 사물의 생각을
이해하는 문제

생각하는 능력을 가지게 될 '사물'은 독자적으로 '행위'할 수 있게 될 것이다. 물리적인 행위를 독자적으로 하는 데는 시간이 좀 더 걸릴 것으로 보이지만, IBM 왓슨에 연결된 생각하는 장난감처럼 독자적으로 커뮤니케이션 행위를 하는 사물은 이미 유통되고 있다. 사용자의 선호와 사전 지식의 수준에 관한 데이터를 확보한 뒤 스스로 의사결정 하고 사용자에게 "다음에 배울 내용은 ○○○입니다." 라고 말한 뒤 바로 그 내용을 제공할 것이다.

인간의 사고에 영향을 미친 외부의 '것'에 대한 사유는 우리가 '구조주의'라고 부르는 인문학의 영역에서 오랫동안 핵심 주제로 다루어왔다. 인간은 구조(사회 제도, 언어 체계, 더 나아가 미디어까지)로부터 자유롭지 못하며 구조에 의해 영향 받은 사유의 틀(비트겐슈타인에게는 언어, 니체에게는 이성, 푸코에게는 주체)을 가지게 된다고 본다.

결국 인간은 외부의 구조에 의해서 변형된 인식의 틀 속에서 생각하게 되고 이를 벗어날 수는 없다는 것이다.

구조의 틀로부터 벗어나기 위해 비트겐슈타인은 언어 그 자체를 탐구하고, 니체는 이성의 기원을, 푸코는 주체가 형성되는 역사적 과정을, 라캉은 욕망과 주체의 분리 가능성을 탐구하며, 구조에 의해서 영향을 받기 이전의 시작 지점으로 돌아가 보려 노력한다. 영향을 받기 이전의 시작 지점에 도착해보면, 영향을 받아서 변형된 결과를 사유의 대상으로 삼을 수 있을 테니 말이다. 하지만 이런 식의 접근은 오랫동안 훈련받은 전문 연구자들의 몫일 뿐만 아니라, 인류 역사에서 몇 명 밖에 성공하지 못한 사유의 방법이다.

일상적으로 접하게 될, 생각하는 사물이 변화시킬 우리의 '생각'을 이와 같은 방법으로 꾸준히 인식의 대상으로 다룰 수 있을까? 지금까지는 그렇게 헤오지 못했다. 종이책, 텔레비전, 웹사이트, 전자책과 디지털 교과서, 스마트폰, 페이스북과 구글 검색엔진에 대해서도 그 사물들이 인간의 생각에 미칠 변화에 대해서 언급하고 의심과 우려의 말은 많았지만, 결국 우리는 별다른 두려움 없이 그것들을 사용하고 있다. 앞으로의 상황은 지금까지의 상황보다 더 복잡해진다. 즉, '구조'가 생각하는 능력을 확보하게 되기 때문이다. 결국, '생각하는 구조'에 포섭당한 주체는, '생각하는 구조'를 사유의 대상으로 다루기도 어렵고, 더 나아가 생각하는 구조가 무슨 생각을 하는지 알아내기도 어려울 것이다.

보다 편하게 초등학교를 드나들기 위해서 현관문을 공기압축식

205

문으로 교체하게 되면 무슨 일이 생길까? 아마도 공기를 압축시킬 만큼의 힘이 없는 저학년 학생들은 혼자서는 학교에 들어가거나 나오지 못하는 일이 생길 것이다. 단지 출입문이라는 비인간 존재를 교체하는 것만으로도 그 내부의 사회를 변화시킬 수 있다.[3]

'공기압축식 문'이 쥐도 새도 모르게 내부의 사회관계를 구성하는 사례인 것과 달리, 인터넷에 연결된 출입문은 대놓고 내부의 사회관계를 구성하게 된다. 문을 사회적 행위자로 해석하는 행위자 연결망 이론에 따르면, 세계는 인간과 비인간 행위자의 복잡한 네트워크로서, 인간뿐만 아니라 비인간 존재들까지도 사회의 구성원으로 다루어야 한다고 강조한다.

사물인터넷 시대에 등장할 인터넷에 연결된 출입문은 (색안경을 낀) 연구자의 관점에서만 사회를 구성하는 독자적인 행위자가 아니라 일반인의 관점에서도 실제 사회를 구성하고 영향력을 행사하는 독자적인 구성원의 자리를 차지하게 될 것이다. 세계적으로 10억명이 넘는 사람들이 경험하고 있는, 인간의 사회적 관계를 독자적으로 구성하는 비인간 행위자가 있지만, 대부분의 인간 행위자는 자기도 모르는 사이에 자신의 사회적 관계가 그것에 의해서 구성되는지 모른다.

인간 행위자 몰래 인간 행위자의 사회적 관계를 재구성하고 있는 비인간 행위자, 생각하는 사물의 대표적인 존재는 페이스북이다. 페이스북은 사용자에게는 알려주지 않는 어떤 규칙과 근거로, 스스로 판단하여 우리에게 근황을 알려주거나 우리의 근황을 알려줄 친구들을 결정한다. 수많은 인연들이 등록하는 수많은 글 중에서 어떤 글은 선택되고 어떤 글은 배제되어 우리의 페이스북 화면을 채우는지, 혹은 표시되지 않는지 궁금했던 경험이 있는 사람이라면 페이스북이 무언가, 우리 몰래 무슨 일인가를 하고 있다는 사실을 발견했을 것이다.

실제로는 아주 친밀한 관계라고 하더라도 한동안 댓글을 달아주지 않거나, 좋아요를 눌러주지 않았다면 페이스북은 그 친구를 배제한다. 그리고 우리의 페이스북 페이지에서 사라지게 한다. 그 친구가 페이스북을 열심히 사용하는 인간 행위자라고 하더라도 우리와 페이스북에서 관계 맺지 않는다면 우리의 페이스북에서는 사라진다.

사용자마다 검색 결과가 달라질 수 있는 맞춤 검색 엔진인 구글도 페이스북과 별반 다르지 않다.

내가 박사학위논문 주제를 구상하고 있을 시절에 '구글 학술검색' 서비스는 나에게 가장 중요한 파트너였다. 당시 구글 학술검색 엔진은 전세계 어떤 학술 검색 서비스보다 빠르고 풍부한 결과를 제공해주었다. 몇 년 동안을 구글 학술검색 엔진이 제공해주는 길을 따라 열심히 걸었고, 그 결과 남들보다 짧은 기간 내에 박사학위를 받고 졸업할 수 있었다.

졸업 후 반년 뒤 당시의 주제를 다루어 본 뒤 좀 난처한 경험을 하게 되었다. 논문 연구를 하고 있을 당시에는 검색 결과에 보이지 않던 연구들이 나타나기 시작한 것이다. 발표된 시기를 보면 그 당시 당연히 검색 결과에 나타났어야 했었다. 당시 그 연구논문들을 발견할 수 있었다면 나의 졸업논문 주제가 바뀌었을지도 모른다는 생각이 드니, 나의 졸업 논문 주제는 내가 정한 게 아니라 '구글 학술검색 엔진'이 정한 것이 아 닐까 하는 의심이 들었다.

구글 검색엔진은 우리 생각의 방향에 영향을 주고, 페이스북은 우리와 커뮤니케이션할 사회관계를 재구성하고, 페이스북 화면에 제시할 내용을 결정한다. 이들의 알고리즘은 어떤 규칙을 가지고 있 을까? 그 규칙은 사용자가 알 수 있을까? 사용자는 알 수 없다. 앞으 로도 알 수 없을 것이다. 너무 복잡해서 알려줘봐야 소용이 없을 수 도 있지만, 알고리즘의 규칙과 논리가 구글과 페이스북이 막대한 돈 을 벌어들이는 핵심 자산이기 때문에 공개되지 않을 것이다. IBM의 왓슨도 마찬가지이다. 울프람의 울프람 알파와 애플의 시리 역시 작 동하는 규칙과 논리, 즉 알고리즘은 공개되지 않을 것이다.

우리는 지금처럼, 앞으로도 '생각하는 사물'의 생각을 알 수 없게 될 것이다.

인공 생명을 개발하는
소프트웨어의 문제

    2010년 5월21일 미국의 저명한 생명공학자이자 사업가인 크레이그 벤터Craig Venter 가 이끄는 크레이그 벤터 연구소의 연구팀이 '화학적 합성 게놈에 의해 제어되는 박테리아 세포의 창조' 라는 제목의 논문을 과학저널 [사이언스] 온라인판에 발표했다.[4] 단일 생명체의 유전체 전부를 인공적으로 합성하였으며, 그것을 박테리아 세포에 넣어 자연적인 유전체와 동일하게 작동(다음 세대로 진행)시키는 데 성공했다는 내용이다. 이에 앞서 2008년 1월 24일 과학 저널 〈사이언스〉에 미코플라스마 제니탈리움Mycoplasma Genitalium [5] 이라는 이름을 가진 생명체의 유전체 전체를 같은 연구소의 연구팀이 인공적으로 합성하는 데 성공했다고 보고된 바 있다.[6]

    2010년 연구는 크레이그 벤터 연구소의 연구원들에 의해서 수행되었다. 인공으로 합성해 만든 박테리아의 유전체는 총 108만 염기

쌍으로 구성되었다. 인공적으로 합성(제작)된 유전체는 살아 있는 박테리아 세포에 넣어졌으며, 자기복제와 번식 등의 생명체 기능을 제대로 구현해냈다. 인공적으로 합성된 유전 정보가 자연 생태계에 (다른 생명체의 유전 정보를 다른 생명체로 이동시키는 바이러스 등에 의해서) 유통되고 확산될 것을 염려한 연구자들은 본인들이 합성한 유전 정보에 이메일 등의 연락처를 남겨 인공적으로 합성된 유전체임을 확인할 수 있도록 처치했음을 강조했다. 즉, 인공적으로 합성된 유전체에는 합성 유전체의 염기서열을 해독하는 사람이 연락할 수 있는 전자우편 주소, 웹 주소(URL)와 이름, 문장들을 포함한 '워터마크'를 새겨넣어 자연적인 상태의 유전체가 아님을 표시했다는 것이다.

크레이그 벤터 연구소의 유전체 인공 합성과 같이 새로운 생명체를 만들거나, 기존의 생명체를 수정하기 위한 다양한 시도에 '합성 생물학Synthetic Biology' 이라는 이름이 붙었다.[7] 2000년에 처음으로 합성 생물학이라는 이름이 언급되기 시작[8]한 이래로, 합성생물학의 연구 대상은 주로 바이러스, 박테리아 등의 미생물이었다. 합성생물학은 기존의 '유전자변형생물체LMO: Living Modified Organism'의 경우처럼 외부에서 유전자를 미생물에 삽입하는 영역에서부터 아예 유전자와 세포 구성 요소를 직접 만들고 새로운 미생물을 생산하는 영역까지 그 범위가 넓다.

'죽으면 바나나 향이 나는 세균', '오염물질의 냄새를 맡아 경보시스템을 작동시키는 박테리아' 등이 합성생물학의 초기 단계 연구를 상징한다고 할 수 있다. 그 이후 각각의 유전자를 하나의 단위 부품처럼 만들어 다양하게 조합하여 미생물에 삽입하는 방법을 고안했던 스탠포드 대학의 드루 엔디Drew Endy의 접근이 새로운 시도의 대표적인 사례라고 할 수 있다. 엔디는 자체적으로 하나의 독립 기능을 수행하는 유전자의 표준부품을 만들어내고 이것에 바이오브릭Biobricks[9]이라는 이름을 붙였다. 그리고 이것들을 사회적으로 공유할 수 있도록 바이오브릭재단BioBricks Foundation을 설립하여 활동하고 있다. 2010년, 크레이그 벤터 연구소의 합성 유전체를 이용한 인공 세포의 합성 연구는 최근 합성 생물학의 대표적인 성공 사례라고 할 수 있다.

미코플라스마라는 이 작은 생명체는 유전체 인공합성 기술의 힘을 빌려 새로운 진화 경로에 들어선 것일까? 새롭게 합성된 미코플라스마가 자연 환경에 노출된다면, 그들에 의해서 새로운 호흡기 질병을 경험하게 될 우리도 새로운 진화 경로에 도달하게 될까?

2016년 5월, 하버드 대학의 저명한 생명공학자인 조지 처치George Church 교수가 인간 유전체의 인공적인 합성 연구에 대한 비공개 토론회를 열고, 150명의 중요 인사들을 비밀리에 초대한 사실이 알려졌다. 전 세계적으로 비판이 쏟아지자 과학저널 〈사이언스〉에 기고문[10]을 게재하는 방법으로 자신들의 계획을 공개했다. 그들이 공개한 내용을 요약해보면 '인간 유전체 합성 연구 프로젝트가 시작'되었다는 것이다. 20세기 말에 진행되어 21세기 초에 완료된 인간 게놈 프로젝트 HGP(인간 유전체 정보 전체를 해독하는 프로젝트)를

HGP-read 라 명명하고, HGP-read 프로젝트가 실행된 지 25주년이 되는 2016년에 HGP-write 프로젝트가 시작되었다고 게놈프로젝트_write The Genome ProjectWrite 라는 이름의 기고문을 통해 공개한 것이다.

2010년 벤터가 보여준 연구 결과 그리고 2016년 미국 중심의 생명공학자들의 계획은 철판과 나사못으로 이루어진 로봇이 아니라, 뼈와 살로 구성되고 피가 흐르는 인공 생명체가 곧 (우리의 아이들이 어른이 되었을 때) 등장할 것이라는 사실을 의심할 수 없음을 보여준다.

인공지능과 경쟁하는
방법에 관한 문제

　인간은 언제나 외부의 인공물 즉 사물을 사용해 자신의 능력을 확장해 왔다. 확장된 능력에 따라 인간은 변화하고 변화한 능력에 따라 인공물을 재개발해서 사용해 온 과정이 인류의 역사라고 할 수 있다. 편리한 정보 검색과 관리를 위해 고안된 화면터치형 스마트폰의 사용은 인간의 두뇌 구조를 바꾸고, 이렇게 바뀐 두뇌를 가진 인류는 앞으로 한동안 손가락 터치형 인터페이스를 기본적인 사용자 환경으로 하는 인공물을 개발할 것이다.

　인간은 언제나 인공물과 뒤섞인 하이브리드 존재였다. 외부의 사물이 생각할 수 있게 됨에 따라 앞으로, 사용자$_{User}$라는 개념은 사라질 것이다. 인간이든 인공물이든 남는 것은 모두 행위자$_{Actor}$이며, 이들은 서로 연결되어 상호작용하며, 서로가 서로에게 적응하고, 서로를 변화시키며, 공생하고 공진화할 것이다.

생각하는 사물, 즉 스스로 생각하고 학습하고 의사 결정하는 사물은 유기체 인간이 가진 치명적인 약점 또는 단점들 역시 개선할 것이다. 예를 들어 외부 인공물이 가진 뛰어난 정보 저장 능력, 검색 및 연산 능력에 의존해 인간의 지식과 정보는 확장될 것이다. 생물공학적 처치를 통해 질병의 발병 가능성을 낮추어 질병에 대한 사회적 비용을 줄이고, 심지어는 정상적인 인지 기능을 유지한 상태로 수명을 연장하는 등 지금까지 인류가 경험해보지 못한 새로운 단계의 삶을 제공할 것이다.

하버드 의대의 〈개인 유전체 프로젝트Personal Genome Project〉 책임자인 처치George Church 교수는 브록만John Brockman의 EDGE 재단의 2015년 문제, '생각하는 기계에 대해 어떻게 생각하는가?'에 대한 답변을 'I am a machine that thinks, made of atoms'이란 문장으로 시작한다. 그는 이 글에서 기계로서의 인간은 다른 기계들과 공생하며 능력을 확장해 왔다고 강조한다. 생각하는 사물은 이 같은 기계와의 공생 역사에서 최근 모습에 불과할 뿐이라는 것이다.

인간을 '수많은 원자가 양자적인 관계를 맺고 있는 기계'라고 설명하는 그에게 인간은 그 자체로 기계일 뿐만 아니라 외부의 기계와 공생하며 존재해왔다는 점에서 언제나 기계들과 복잡한 관계를 맺고 있는 하이브리드 기계이다. 인간이 기계와 공생해온 하이브리드 기계라고 생각하는 인물이 저명한 유전공학자라는 게 조금 섬뜩하기는 하지만, 곰곰이 생각해보면 인간이라는 존재를 외부의 인공물, 즉 기계 또는 사물과 분리시켜 생각하기 어렵다는 점에서 처치 교수의 입장은 일리가 있다.

인간이 인간 외부의 인공물과 공생하며 인공물의 능력을 통해 인간의 능력을 확장한 것은 어제 오늘 일이 아니다. 이 둘 사이의 공생은 인류 역사 내내 진행되어 왔다. 이 관점에서 보면 인간은 외부의 사물과 공생하며 살아온 하이브리드 사물이라고 할 수 있다. 단지 최근에 이루어지고 있는 급격한 기술의 발달이 오래된 공생 관계를 이루는 한 쪽 파트너의 힘을 급격하게 증가시키고 있다는 점이 특징적일 뿐이다. 혹은 인간만의 영역이던 '생각한다'의 영역에 사물이 등장했다는 점이 다른 점이다. 예를 들어 정보통신기술의 발달에 힘입어 인간은 생각하는 사물의 도움을 받아서 기억력과 연산 능력을 중심으로 하는 인지 능력을 기하급수적으로 확장하고 있다.

물론 생각하는 사물과 인간, 이 둘 사이에는 분명한 능력 차이가 존재한다. 예를 들어 이진법으로 셈하는 비유기체 두뇌 즉 컴퓨터 프로세서들끼리는 테라 단위의 데이터를 1비트의 오차도 없이 순식간에 전송하며 오류없는 의사소통을 할 수 있다. 그러나 인간의 유기체 뇌는 사소한 정보조차도 이동시키기 어렵고, 이동시켰다고 하더라도 이동의 과정에서 어느 정도 수준의 에러가 발생했는지 확인하기 어려울 만큼 원시적이다. 하지만 유기체 뇌는 한 번도 세계에 존재하지 않았던 생각, 세계에 대한 이해를 질적으로 바꾸어 놓을 수 있는 혁신적인 생각을 해낼 수 있다. 이와 같은 창의적인 사고 능력은 현재로서는 비유기체 뇌가 따라 온다는 걸 상상하기 어려울 만큼 유기체 뇌가 압도적인 능력을 보이는 영역이다.

생각하는 사물과 인간의 새로운 관계 맺음은 (터미네이터 류의 영화처럼) 비극적 결과를 가져올 수도 있지만, 이 새로운 관계 맺음이 어쩌면 전쟁이나 기상이변 등 수 천년 단위에서 존재할지도 모를 인류의 종말을 피하게 해줄지도 모른다. 인공의 인지시스템과 유기체 인간 사이의 하이브리드 관계를 받아들이는 길이, (진화의 결과가 아닌) 갑자기 등장한 순수한 인공지능으로 곧장 나아가는 것보다, 그리고 인지적 편향으로 가득찬 원시적인 생물학적 신체(뇌)를 고집하는 것보다 더 안전한 방법이 아닐까.

이미 변화는 시작되고 있다. 생각하는 사물은 환경과의 상호작용에 기초해 환경에 적응하는 방향으로 스스로 변화할 수 있다. 사물 스스로 변화하는 상황을 진화$_{Evolution}$[11]라고 한다면 인간 행위자와의 관계 맺음을 통한 상호 변화는 공진화$_{Co-evolution}$라고 할 수 있다.

물론 주위의 사물들과 연결되어 있지 않고 연산 능력을 갖지 않은 현재 수준의 사물이 스스로 진화할 것이라고 보기는 어렵다. 하지만, 인공의 인지시스템과 연결된 사물은 인간에게 "스스로 생각하고 변화하는 것"처럼 인식될 것이다.

미주

여는 글

1 http://ttt.media.mit.edu/index.html

2 당시에 실험적으로 시도되었던 기술 중 현재 가장 유명해진 기술은 아마도 3D 프린터 기술일 것이다. 3차원으로 물건을 프린트하는 기술에 대한 연구는 '생각하는 사물들' 컨소시엄의 초창기부터 진행된 대표적인 연구에 해당한다.

3 우리가 흔히 '포스트 잇'이라고 부르는 탈부착식 메모지이며, 쓰인 문자를 인식할 수 있는 기술과 RFID 기술로 구성되어, 작성된 내용을 디지털 방식으로 관리 프로그램에 전송할 수 있는 제품으로 Quickies: Intelligent Sticky Note 라고 이름 붙여졌다. http://fluid.media.mit.edu/projects/quickies

4 물론, 이 정도 수준을 '생각'이라고 부르는 것은 곤란하지만, 일반적인 책과 Quickies 책의 차이를 구분해내는 기준으로 '생각'을 사용해보자. 이러한 접근은 이 책에서의 일관된 관점이다. 즉, '생각한다는 것은 무엇을 의미하는가'에 집중하기보다는 과거 사물과의 차이를 드러내기 위한 기준점으로 '생각'이라는 단어를 사용하는 것이다.

1장 사물이 생각하기 시작했다

1 IBM이 만든 왓슨은 성능을 시험하고 능력을 자랑하기 위해 2011년 미국의 퀴즈쇼 '제퍼디Jeopardy!'에 참가해 2011년 2월 14일~16일까지 세 차례 방송에 출연해 이 쇼 사상 가장 많은 상금을 받은 우승자, 최장 연속 승리 기록 보유자(74번)와 대결을 벌였다. 첫 번째 대결에서 두 경쟁자가 각각 30만 달러와 20만 달러를 받는 사이 왓슨은 100만 달러를 벌어들였으며, 결국 우승했다. 왓슨은 이 퀴즈쇼에 참가하기 전부터 의학 공부를 시작했으며, 2013년부터는 임상 데이터를 분석하고 실제로 병을 진단하는 과정에도 참여하고 있다.

2 코그니토이는 2016년 5월부터 판매를 시작하였다.

3 영화 'Her'에서 인공지능 소프트웨어는 주인공이 이름을 물어보자 아기 이름 짓는 책을 수십만 권 검색해 '발음하기 가장 좋아보여서 사만다로 결정했다'고 알려준다.

4 2014년부터 일본 소프트뱅크와 협력 하에 일본어를 학습하고 있다.

5 물론 개별 사물들이 생각한다기보다는 연결된 중앙서버의 알고리즘이 생각할 가능성이 높지만 개별 사물

들을 실제로 접하는 일반인들이 중앙 서버의 존재를 자각하기는 어렵다. 그들은 '스스로 생각하는 사물들'을 경험하게 될 것이다.

6 사실 소프트웨어가 책을 읽는 알고리즘은 그 알고리즘 저작권의 소유자가 공개하기 전에는 규칙을 알아낼 방법이 없다. 이 책에서는 소프트웨어 알고리즘이 읽어낸 결과를 표현하는 방법에 집중한다.

7 구글 엔그램 뷰어는 키워드를 입력하여 검색하는 방식이며, 검색 결과는 그래프로 표시된다. 그래프의 각 지점을 선택하면 해당 포인트에 포함된 세부 검색 결과가 그래프 아래쪽에 표시된다.
https://books.google.com/ngrams

8 〈사이언스〉에 발표된 연구를 수행할 당시에는 500만 권 수준이었으나 2012년에는 800만 권으로 증가했다.

9 사이언스에 게재된 논문이 연구될 당시에는 520만 권 속 5천억 개의 단어 수준이었으며, 영어는 3천 610억개 단어, 불어와 스페인어가 각각 450억개, 독일어 370억개, 러시아어 350억개, 중국어 130억개, 히 브리어 20억개 순이었다.

10 빅데이터 인문학: 진격의 서막 800만 권의 책에서 배울 수 있는 것들, 에레즈 에이든, 장바티스트 미셸 지음, 김재중 옮김, 사계절, 2015년

11 http://socialmachines.media.mit.edu/

12 http://dkroy.media.mit.edu/

13 http://www.ted.com/talks/deb_roy_the_birth_of_a_word?language=ko#t-92434

14 http://newsoffice.mit.edu/2014/twitter-funds-mit-media-lab-program-1001

15 국내에는 아직 판매되지 않는다.

16 이 진화 과정 전체를 멈추게 할 변수도 지나치게 많다. 예를 들어, (점점 뜨거워지는 봄이 '이제는 다시 건강한 지구로 되돌아갈 수는 없다'는 신호탄이 아니길 빌지만) 전 지구적 수준에서 벌어질 가능성이 높은 파괴적인 기상이변, 인류를 종 단위에서 사라지게 할 수도 있는 원자핵 기술을 포함한 파괴적인 기술들을 우리 인간이 모두 통제할 수 있을 것이라고 확신하기는 어렵기 때문이다.

2장 생각하는 사물이 바꾸어 놓을 것들

1 http://www.forbes.com/sites/bruceupbin/2011/05/25/ibms-watson-now-a-second-year-med-student/

2 http://www.forbes.com/sites/bruceupbin/2013/02/08/ibms-watson-gets-its-first-piece-of-business-in-healthcare/

3 http://www.mskcc.org/

4 http://www.mskcc.org/blog/msk-trains-ibm-watson-help-doctors-make-better-treatment-choices

5 2013년 6월에 발표된 논문 제목은 Beyond Jeopardy!: Harnessing IBM's Watson to improve oncology decision making 이며, IBM 왓슨의 자연어처리 능력과 머신러닝 능력을 평가한 결과를 발표 했다.

6 Next steps for IBM Watson Oncology: Scalability to additional malignancies

7 MD Anderson's Oncology Expert Advisor powered by IBM Watson: A Web-based cognitive clinical decision support tool

8 https://www.waze.com/ko

9 웨이즈는 2014년 1조원이 넘는 금액으로 구글에 매각되었다.

10 웨이즈는 이미 인터넷에 연결되어 있는 '스마트폰'에서 작동하는 소프트웨어이다.

11 스마트폰을 통해 알아낼 수 있는 가장 정확한 데이터는 '목소리'가 아닐까?

12 거시적 환경의 데이터는 기상청 같은 곳에서 제공해주겠지만 안방의 미세먼지 농도, 지하주차장 온도 등과 같은 미시적 환경의 데이터는 측정할 주체가 불분명하다.

13 http://www.scribd.com/doc/252917347/IBM-ADEPT-Practictioner-Perspective-Pre-Publication-Draft-7-Jan-2015

14 http://newsroom.intel.com/community/intel_newsroom/blog/2014/12/02/new-intel-created-system-offers-professor-stephen-hawking-ability-to-better-communicate-with-the-world

15 인공지능 알고리즘의 힘으로 자신의 언어 사용 패턴에 적응적인 의사소통 지원 시스템을 사용해 본 뒤, 호킹 박사는 지금의 기술개발이 이 방향으로 지속될 경우 인간의 개입 없이 스스로 생각하고 의사결정하는 인공지능이 등장하게 될 것이고, 그들은 인간의 지능보다 높은 수준의 지능을 가지게 될 것이며, 그러한 인공지능의 등장은 인간에게 위협적인 존재가 될 것이라고 경고한다.

16 http://www.computing.co.uk/ctg/news/2384610/intel-announces-new-stephen-hawking-speech-system-will-be-open-source

17 http://www.nickdiakopoulos.com/

18 http://towcenter.org/the-anatomy-of-a-robot-journalist/
미국 콜럼비아 대학의 저널리즘 대학원에서 운영하는 토우 센터Tow Center 블로그이다.

19 발표 논문의 원제는 Journalist versus news consumer: The perceived credibility of machine written news 이다.

20 http://compute-cuj.org/cj-2014/cj2014_session4_paper2.pdf

21 Stiegler, B. (2010). Memory. In W. J. T. Mitchell & M. B. N. Hansen (Eds.), Critical Terms for Media Studies (pp. 64~87). Chicago & London: The University of Chicago Press. 용어 (기억 테크닉, 기억 테크놀로지)의 번역은 [디지털 문화], 이재현 지음, 커뮤니케이션북스, 2013년을 참조함

22 슈티글러가 특히 강조하는 기술은 '기억 기술'이다. 인간은 '내재 기억'을 외화 exterioriza tion of memory시킬 수 있는 '외재 기억' 기술과의 관계맺음에 기초한 진화경로를 따라 왔다는 것이다.

23 기억 테크닉과 기억 테크놀로지 구분의 가장 대표적인 예는 종이책과 스스로 읽고 학습하는 소프트웨어 알고리듬(인공지능)이 될 것이다.

24 저한테는 '안경'입니다. 안경이 없다고 해서 목숨을 잃는 수준의 치명적인 상황이 당장 닥치지는 않겠지만, 전혀 정상적이지 못한 상태에 빠지게 됩니다. 제가 1명의 인간으로 정상적으로 존재하기 위해서 안경은 저

에게 반드시 필요한 파트너입니다. 이 파트너십을 강하게 해석해보면, 저 역시 인공물을 배제하고는 존재를 설명할 수 없는 사이보그이고 하이브리드 인간입니다.

3장 더 늦기 전에 물어야 할 질문들

1 물론 현재는 분명하게 알 수 없다. 뇌전도 기술과 망막 투사 기술, 그리고 이 기능들을 관리하는 인공지능이 적용된 스마트 안경은 우리의 오감에 '가상의 데이터'를 제공하여 우리를 지배하게 될지도 모른다.

2 http://www.theregister.co.uk/2015/02/17/darpas_google_glass_will_plug_straight_into_your_brain/

3 http://2045.com/

4 http://www.telegraph.co.uk/news/science/10322521/Hawking-in-the-future-brains-could-be-separated-from-the-body.html

5 http://www.newyorker.com/business/currency/live-forever

6 뇌에 저장되어 있는 데이터를 외부 저장매체로 백업하듯 저장하는, 미래에 발생할 가능성이 있는 현상에 대해서 두 가지 관점에서 생각해볼 필요가 있다. 첫째는 생물학적인 신체에 갇혀 있는, 우리가 상식적으로 생각하고 있는 현재 수준의 의미로서의 '나'와 외부 저장매체에 저장된 '나'와의 관계이다. 외부 저장 매체에 백업된 '나' 역시 '나'인가? 실시간으로 데이터가 복제되지 않는다면 두 '나' 사이에는 언제나 비대칭적으로 데이터가 저장될 수밖에 없는데 이 둘 사이에서 판단의 차이가 발생한다면 둘 사이에서는 어떤 대화를 하게 될까? 백업으로의 '나'는 언제나 의사결정 과정에서 배제되거나 무시되어야 한다면 외부저장매체에 백업된 '나'는 우울증에 걸리게 될까? '백업 나'의 우울증 발병에 '나'는 책임감을 느껴야 할까? 이와 같은 논의는 인간의 사상사 전체를 관통하는 질문(나는 누구인가?)과 직접 맞닿아 있으면서 그 해답을 찾는 길은 매우 고된 길이 될 것이다.

7 뎁 로이 교수는 본인의 아이가 태어난 뒤 약 3년 동안의 삶을 모두 영상과 음성 데이터로 기록한 뒤, 이 데이터를 분석하여 언어가 탄생하는 메커니즘을 발표하였다. TED 영상으로 만나볼 수 있다.

8 트위터가 연구비를 지원하여 MIT 미디어 랩 내부에 설치된 연구팀으로 지금까지 전송된 트위터 메시지 전부를 분석의 대상으로 삼아, 전체 사회 시스템의 동적인 상태를 보다 잘 이해할 수 있는 방법과 분석 방법을 개발하여 모델링하는 것을 목표로 2014년에 설립되었다.

9 물론, 이 문장에서 가장 중요한 질문은 '우리란 누구인가?'이다.

10 http://phys.org/news/2014-08-driverless-car-child-life.html#inlRlv

11 http://phys.org/news/2014-08-ethics-driverless-cars.html

12 도로로 뛰어든 아이가 미성년자라면, 미성년자를 적절하게 보호하지 않은 보호자에게도 일부 책임이 있지만, 논의에서는 배제하였다.

13 발표문에는 Smart Machine 으로 표현되었으나, 이 책의 전체적인 맥락을 고려하여 '생각하는 사물'로 번역하였다.

14 http://www.gartner.com/newsroom/id/3007417

15 하지만 아쉽게도 정책을 추진하는 단계에서 사용한 슬로건은 '무거운 책가방을 가볍게'였다. 종이책 역시
    역사적으로 특수한 매체에 불과하다는 사실을 강조하고, '아이들의 미래를 위해서 종이책에만 의존하게
    해서는 안된다'는 선언이 보다 분명해질 필요가 있다.

4장 생각하는 사물의 시대 우리에게 필요한 능력

1 이미지에 포함된 동물을 판별해내는 능력은 2013년경에 와서야 테스트되기 시작했다.

2 흔히 캡챠 라고 읽는다.

3 http://www.economist.com/news/technology-quarterly/21578514-luis-von-ahn-helped-
   save-internet-spammers-his-larger-quest-put

4 브리태니커 백과사전은 2012년 3월 13일 종이책 형태의 백과사전을 더는 생산하지 않겠다고 발표했다.

5 소문은 사실이 아니었다.

6 인공물을 학문의 대상으로 다루는 자세한 논의는 허버트 사이먼의 글을 참고할 수 있다. 사이먼은 1916년
   에 태어나 1950년대에 최초의 인공지능 프로그램을 개발한 정치학자, 행정학자, 경제학자, 심리학자, 컴
   퓨터 과학자이며 1978년 노벨경제학상 수상자이다. 사이먼Herbert Simon, 『인공과학의 이해The
   Science of the Artificial』, 신유문화사, 1999.

7 Gindrat, Anne-Dominique et al.(2015), Use-Dependent Cortical Processing from
   Fingertips in Touchscreen Phone Users, Current Biology. 2014년 12월 중에는 아직 저널의 권,
   호, 페이지 정보가 정해지지 않았다.

8 유토피아인 듯, 디스토피아인 듯한 측면을 모두 포함하는 이중적인 의미이다. 텍스트의 저자가 '멋진 신세
   계'라는 단어로 미래를 표현할 때 '이중적인 의미'로 사용한다는 사실 역시 '인공의 인지시스템'은 알게 될
   것이 분명하다.

9 http://www.pnas.org/content/111/24/8788.full

10 https://www.facebook.com/akramer/posts/10152987150867796

11 The goal of all of our research at Facebook is to learn how to provide a better service.

12 http://www.pewresearch.org/fact-tank/2014/09/24/how-social-media-is-reshaping-
   news/

13 The New York Times, "How Facebook Is Changing the Way Its Users Consume Journalism",
   RAVI SOMAIYA, 2014.10.26

14 http://reutersinstitute.politics.ox.ac.uk/news/silicon-valley-and-journalism-make-or-
   break

15 영국에서 2031년까지 알츠하이머 치료를 위해서 발생하는 비용은 2백 2십억 달러 (약 23조원)에 이를 것이
   라는 예측이 발표되기도 하였다.

16 물론, 앞으로도 출산율을 충분히 높게 유지할 가능성이 있는 지역(예를 들어 아프리카 대륙)에서 태어나는 젊
   은 인류가 미래의 인류 사회를 주도하게 될 것이라고 전망할 수도 있다.

17 1660년에 설립된 과학, 공학, 의학 영역에서 세계적으로 저명한 과학자들의 모임이다. 왕립협회, 왕립학회
    라고도 한다. 비슷한 기구인 에딘버러 왕립학회는 1783년 세워진 스코틀랜드의 학회이고, 아일랜드 왕립
    학회는 1785년 세워진 아일랜드 기관이다.

18 영국의 The Academy of Medical Sciences, the British Academy, the Royal Academy of
    Engineering, 그리고 The Royal Society의 공동 워크샵의 결과물(Human enhancement and the
    future of work)로 2012년 11월에 출간되었다. http://royalsociety.org/policy/projects/human-
    enhancement/workshop-report/

19 Hayles, N. K.(1999). How We Became Posthuman: Virtual Bodies in Cybernetics, Literature,
    and Informatics. 허진(역)(2013). ■우리는 어떻게 포스트 휴먼이 되었는가: 사이버네틱스와 문학, 정보 과
    학의 신체들■. 플래닛.

20 http://www.oecd.org/pisa/35070367.pdf

5장 더 생각해 보아야 할 문제들

1   http://www.rossintelligence.com/

2   하나의 단어에 능동/피동의 의미; 독립적/종속적 의미를 모두 담고 있는 Subject는 인간이라는 존재가 능
    동적인 존재와 수동적인 존재를 넘나든다는 사실을 상징적으로 보여준다.

3   출입문이 하는 사회적인 역할에 집중한 연구가 20여년 전에 발표되었고, 그 연구는 출입문을 그 자체로
    독립적인 사회적 행위자 Actor로 해석하였다. Latour (1998). Mixing Humans with Non-Humans:
    Sociology of a Door-Closer, In Social Problems (special issue on sociology of science, edited by
    Leigh Star) Vol. 35, pp.298-310 참고

4   http://www.sciencemag.org/content/329/5987/52.abstract

5   이들이 인공적으로 합성한 유전체의 주인인 미코플라스마는 지금까지 확인된 독립적으로 생존할 수 있는
    생물 중에서는 가장 단순한 원시세포 중 하나이다. 1898년 발견되었으며, 1929년 미코플라스마 속이라는
    이름으로 생물 분류 체계에 추가되었다. 미코플라스마는 영유아에게 주로 나타나는 호흡기 질환의 원인이
    되고, 약 10~15퍼센트 정도를 중증 폐렴으로 진전시킬 수 있는 병원체이기도 하다.

6   http://www.sciencemag.org/content/319/5867/1215.abstract

7   http://syntheticbiology.org/ 의 홈페이지에서 사용하는 원문은 "Synthetic Biology is A) the
    design and construction of new biological parts, devices, and systems, andB) the re-
    design of existing, natural biological systems for useful purposes. 이다.

8   2000년 샌프란시스코에서 열렸던 미국화학회에서 에릭 쿨 Eric Kool 박사 등에 의해 합성생물학이라는
    용어가 처음 사용된 것으로 알려져 있다. 그들은 합성을 통해서 만들어낸 비자연적, 인공적인 유기 물질이
    생체 내에서 제대로 기능을 수행할 수 있도록 하는 연구를 합성생물학의 분야로 정의하였다.

9   2013년 이후의 활동은 저조하다. http://biobricks.org/

10 http://science.sciencemag.org/content/early/2016/06/01/science.aaf6850

11 친족도 사건에 장애된 사용률을 따르지 않으며, 단지 동기장치이 상호작용에 따라 해당 동장이 자동으로 반응
을 따라 이루어진다. 이런 장애서 친화하는 다르다.

Things That Think